ことばの授業づくりハンドブック

小学校「物語づくり」学習の指導

・実践史をふまえて・

元早稲田大学特任教授・神戸大学名誉教授
浜本 純逸【監修】

三藤 恭弘【編】

溪水社

はじめに――「物語内容」の学習から「物語行為」の学習へ――

三藤　恭弘

「物語づくり」の学習は、子どもたちの「生きる力」の育成に対して役に立つのか――。

このような言葉を耳にすることがあります。私はこのような言葉を頂く度、「物語づくり」学習の教育的有用性や指導方法については、依然として認知度が高くない状況にあるのだと残念に思います。

この疑問の言葉に対して、本書として早速お答えするならば、「役に立つ。しかもとても。」ということになろうと思います。但し、現状において、指導方法についてはまだ解決すべき課題があると考えています。このように「役には立つが指導方法には課題もある。」というとらえ方は、実は多くの小学校の先生方も同様であるということが、三藤（二〇一五）の調査でも明らかになっています。この学習活動を「役に立つ。しかも指導しやすい。」ものにするため、本書は企画されました。

先の疑問はもう少しかみ砕いて解釈するなら、「物語など書かせていて本当に学力はつくのか。」「日常的な言語能力を重視する上で、物語をつくる活動は必要なのか。」「指導方法もよくわからないし、指導そのものが大変だ。」という意味かもしれません。

しかし、私は日頃より「子どもたちが生きていくこの世の中は『物語』で溢れている。」と考えています。例えば、消費を促そうとする営利広告や、大好きな人に振り向いてもらおうとする純粋な心の営み、あるいは誰かを騙して何かを手に入れようとする良からぬ企てさえ、いかに「物」を「語るか」という行為（＝「物語り」）だと言えるでしょう。この「物語り」は国と国とのお付き合いである外交においても同様です。戦略を描き、対象者の心を揺さぶりながら、最大限の成果をどう実現するのか。つまり「物語り」は古来人間の日常的な行為というわけです。であるならば、その「物語り」に溢れる日常を生きていくのに、「物語る」力をつけないでいいでしょうか。

この「物語づくり」の学習を子どもたちは大変好みます。「大変好む」ということはそれだけで十分な教育的有用性を備えていると言えるでしょう。学習の質を上げるには児童のモチベーションが欠かせませんが、「物語づくり」にはその資質が備わっているというわけです。「物語づくり」の学習時間は、子どもたちにとって様々な制約から解放された、想像の世界に浸れる楽しい時間です。

しかし、「楽しい」ということはお気楽という意味ではありません。より良い表現物を構成していく、という目標のためには「じっくり考える」「何度も考え直す」ということが必要になります。言い換えるなら、読者に「面白い。」と言って貰える「物語」をつくるには、一所懸命探したり、選んだり、組み直したりしなければならないということです。内田（一九九〇）が指摘するように、「物語づくり」はある目標に向かって突き進む「問題解決」学習だと言えます。想像力だけではなく、「思考力・判断力・表現力等」の能力を育成する総合的な言語活動です。本来これらの活動を遂行することはかなりのエネルギーを要することです。しかし、それを喜んでさせてしまうところに「物語づくり」学習の魅力があります。

また、「物語づくり」の学習は子どもたちを、現実と非現実の間で自由に行き来させます。この往還運動のさなかに、子どもたちは人間や社会、自然などの原理に気付き始めます。虚構の方法によって真実・真理を認識していくのは「物語を読む」学習と同じですが、活動はよりアクティブです。「事件」を「解決」する主人公のように、「自分」は身の回りの「問題」をどう解決して行けばよいのか、他者とはどんな視点で、どのような関係を築いていくことが必要なのか、人間社会はどうあることが望ましいのか、そもそも「自分」は何者か――。「物語づくり」の学習は様々な対話を生み出し、自己と他者、「もの」や「こと」を認識させてくれるのです。予測困難な時代を切り拓き、力強く生きていく力を育成するポテンシャルを持った学習であると言えるでしょう。

一方、「物語づくり」の学習はこのように豊富な有用性を持つものながら、その授業が成功するにはいろいろな条件をクリアすることも必要です。子どもたちが喜ぶから自由に書かせた、ということでは最初にお示しした疑問がむくむくと頭をもたげることになるでしょう。指導方法の知見が広く共有される必要があります。

「物語づくり」の学習が国語科授業の表舞台に現れたのは、学習指導要領にその文言を見いだせるかどうかという観点からすると、平成二〇年版の学習指導要領から、と言うことができます（※但し戦後すぐの学習指導要領「試案」にもその文言を見いだすことはできるので、長らく表舞台から消えていたということもできるでしょう）。それ故「読むこと」の学習の膨大な実践・研究の積み上げに比べると、蓄積は少なく、実践者、研究者、教科書会社など多くの関係者の方々にも不案内な側面があるでしょう。

しかし、昭和二六年版学習指導要領・試案以来長らく消えていた「物語づくり」の言語活動が、なぜ五十年を経て二十一世紀に復活したのか、あらためて考えてみれば、そこには本言語活動の有用性を確信していた実践者、研究者の弛まぬ営みがあったとわかります。今、指導者が「物語づくり」の教育的有用性を実感し、本方法によって未来を切り拓く確かな「ことばの力」を子どもたちに獲得させるには、先達によって積み上げられてきたこれら「物語づくり」に関わる授業実践や指導理論を書物に集約し、広く紹介していく必要があります。そこで本書は、この半世紀の優れた「物語づくり」実践を選び、その指導上の工夫と背景にある理論を考察、紹介することを通して、教育現場における「物語づくり」学習の指導に役立ちたいと考えました。

ところで、平成二九年版の学習指導要領では、低学年の言語活動例として「物語づくり」が新たに掲載される一方で、高学年では活動例として姿が見えません。確かに高学年は時数の面で厳しい制約が課されるため、6時間程で「物語づくり」を一から完成へと導くことは大変ハードルが高い活動だと言えるでしょう。しかし、学校教育において、現状のように「物語」教材の有用性を認めるなら、「正確に理解する資質・能力と、適切に表現する資質・能力とは、連続的かつ同時的に機能するもの」（平成二九年版学習指導要領解説国語編・一一頁）という能力観からしても、「物語」を理解する（＝読む）学習だけではなく、表現する（書く）学習も必要だという考えが導き出されます。そのため、低・中学年には「物語づくり」の言語活動が取り上げられているのでしょう。肝心なのは、忙しい高学年の6時間程の枠の中で「物語づくり」の学習を成立させる指導方法にはどのようなものが考えられるのかということが明らかになり、共有されることです。筆者の経験から述べれば、高学年の児童は一層「物語づくり」＝「創作活動」に興味を持ち、ファンタジーの枠組みを用いたりする学習は大好きです。6時間程度という制約が変えられないならば、一から十まで全ての創作過程を扱わず、的を絞った学習過程を組むことも一つの解決方法となるでしょう。もちろんこの「的を絞る」ということは全ての学年における「書くこと」で重要な事項でもあります。

「物語り」に溢れた日常生活においては、論理（筋道）を読み解くことはもちろん、イメージを読み解く能力も求められます。そして、その奥にある作者・筆者の意図を読み解くことも必要です。それらはこれまでも重視されてきたことです。しかし、イメージを構築し、相手の心を揺さぶり、相手を説得、感化しようとする「物語る」教育についてはどうでしょう。そのような能力は日常生活では求められているのに、学校教育では消極的のように思えます。相手に影響を与えようとする経験をした者こそは、より高いレベルで相手の影響力を読み解くこともできる、という考え方とあわせ、メディア・リテラシー教育、コミュニケーション教育の観点からも、「物語を書く」学習の重要性は一層増していると言えるでしょう。各小学校などで授業研究等に取り組む価値は大いにあり、また、そのような営みを本書はお手伝いしたいと考えています。

二〇一八年一〇月

文献

内田伸子（一九九〇）『子どもの文章　書くこと考えること』、東京大学出版会
三藤恭弘（二〇一五）「「物語の創作」学習指導における推論的思考力の育成――「事件―解決」の推論的枠組みを用いたストーリーの構築指導を通して――」、全国大学国語教育学会編『国語科教育』第七十七集、六二―六九頁

目次

ことばの授業づくりハンドブック

小学校　「物語づくり」学習の指導

——実践史をふまえて——

Ⅰ 「物語づくり」学習の指導及び研究のあゆみ

三藤　恭弘

一 「物語づくり」学習百年の歴史

「物語づくり」学習の歴史を遡っていくと『綴り方教授』（芦田恵之助、一九一三）の中で「續き物」と呼ばれる教材、教授法に出会う。数枚の絵が並べてあり、その絵をもとに叙述させるという指導法である。この「續き物」はおそらく多くの人に「4コマ漫画をもとにして物語を書く」という現代の学習方法を想起させるだろう。芦田は「續き物は事件の原因・經過・結果等を記すのが眼目である。」「續き物は叙事文の根底をやしなふ。」（一〇五―一〇六頁）と述べている。これらは今も「物語づくり」学習指導にとって重要な指導事項である。

高等女子学校での実践であるが、金子彦二郎（一九三〇）は、創作・改作を積極的に取り入れた作文カリキュラムを作成している。「お話の中間を」という単元（巻三、九五頁）では笑い話の中心部分を抜いた文例を示し、前後の内容から中間部分を創作させ、「詩や童謡を散文に」という単元（巻一、一〇三頁）では既にある文種として表現された想（題材）を別の文種に変換するという創作を取り入れている。ここには現代の「物語づくり」学習の原型を見て取れる。なお、金子については田中宏幸（二〇〇八）に詳しいのでご参照願いたい。

秋田喜三郎（一九一九）は「創作」学習について次のように言及している。

> 想の翫味に促されて起る情操的活動は言ふまでもなく能動であって、創作的讀方教授の重視する所である。而して此の創造的活動は、やがて兒童をして自ら文章を創作するに至らしむるものであつて、讀方教授と綴方教授との本質的連絡は、實に此の間に存するのであると信ずる。
> （三五頁、傍点原文通り）

この秋田と同じく「読む」と「書く」の本質的連関の原理について戦前から説いていたのが西尾実である。

> 一般に制作経験の有無は、作品理解の上に根本的な差異を生ぜしめないではおかない。ある歌人が他人の作歌に対していだく理解には、立場に関し、題材の捕え《ママ》方に関し、表現法に関して、作歌に苦しんだ経験を有しない人の企て及ぶことの出来ないなにものかを有している。
> （西尾、一九七四、五四頁）

> 文学活動を経験させるとは、創作活動と鑑賞活動をいとなませることであるといってきた。
> （西尾、一九七六、一六―一七頁）

ここにも「物語づくり」学習の「書くこと」領域だけに収まらない側面が説かれている。

戦後、一九四七（昭和二二）年、及び一九五一（昭和二六）年に学習指導要領（試案）が公示され、そこに「物語づくり」の内容が掲載された。

> 児童は、日常生活を基盤とした生活文を書くことから、感じたり、考えたりしたことをまとめて、物語や、

小説や、詩や脚本や、シナリオなどをつくって、文学的な創作活動をする。これは、生活を豊かにするための、まったく有効な表現活動である。

（昭和二六年版学習指導要領国語科編（試案）、第二章第一節）

本文の「生活を豊かにするための、まったく有効な表現活動である。」とは控えめに捉えられた「物語づくり」の教育的有用性である。

この時期に「物語づくり」学習に関してその有用性の内実を明らかにするとともに、詳細な指導方法について論じた著作が『子どもの創作の指導』（倉澤栄吉・今泉運平、一九五五）である。倉澤・今泉は同書「まえがき」の中で次のように述べている。

わたしたちは今日、青少年の教育に、作文教育とくに創作活動の必要を痛感し、この方面の指導の、一つの案内書として、永い思索ののちに、この本を書いたのである。

（二頁）

倉澤・今泉は創作文を「相手に感動を与え、相手を引きつけるところの文」と定義した上、倉澤は「創作文」を機能面から分析し、今泉は創作の内容、指導過程、カリキュラムについて論じている。本書の内容は半世紀を経た現代においても十分な示唆に富んでいる。

だが、このような著作の出版にも関わらず、一九五八（昭和三三）年版学習指導要領では「物語づくり」の内容が消え、以後半世紀にわたり取り上げられることはなかった。

一方、各社発行の教科書においては、この半世紀間も「物語づくり」学習が掲載され、興味深い。例えば一九六〇（昭和三五）年発行光村図書二年生の教科書には、「七　じゅんじょよく（二）まんがを見て」という単元があり、同様の単元は一九七五（昭和五〇）年版同社二年生教科書にもある。さらに、一九八三（昭和五八）年版では、二枚のイラストや三枚のイラストによってお話を書くという単元が採用されている。これらは戦後版の「續き物」だと言えるだろう。

二　科学教育の重視と「物語づくり」

さて、一九五〇年代以降の科学教育重視の潮流の中では、「創造力」ということについてもさかんに研究されている。

大村はま（一九八三）は「創造力」について次のように言及している。

創造力ということが、たいへん言われはじめたときがありましたね。（中略）どんな仕事についても、新しいものを生み出すエネルギーみたいなもの、その力と喜び、そういうようなものを知らなかったら、どんな仕事をしたってつまらないし、生きがいがないと思いました。ですから、私は作品はねらわないけれど、その力そのものをつけようと思ったのです。（第六巻、五―六頁）

どうしても創作の、文学の一番大事なことは取材ではないか。（中略）そこがいちばんたいへんな、みんなにできないところ。ですから、そこのところは、私が手伝うことにしようと思ったのです。（第六巻、六頁）

大村は「物語づくり」における「取材」という困難な過程を支援することで、「物語づくり」学習を成立させ、将来汎用的に実働する「創造力」を育てようとした。この発想は現代においても重要である。

小川利雄も「作品主義」と訣別し、作る過程や力を重視した実践家である。小川（一九七三）は広島大学附属小学校における実践をもとに『ぼくらにも書かせて　小学生と童話のせかい』の中で述べている。

まず、「なぜ」書かせるのかということですが、一口で言ってしまえば、「子どもたちがそれを好むからだ。」ということです。（中略）子どもは冷厳な現実主義者であると同時に、限りないファンタジーの追求者でもあるのです。現実の世界とゆめの世界とを矛盾なく同居させているところに、子どものリアリティがあるというふうに捉えることによって、「童話を書く」ということを教育の問題として位置づけることができると思うのです。（小川、一九七三、二七六―二七九頁）

小川は大村と同じく「創造」の過程や力に重点を置きながら、大村より更に広範な教育内容を目指している。ここには「物語づくり」教育や「子ども」への鋭い洞察が述べられている。このような実践的視点から「創造的な想像力」を基礎学力と関係づけ、人間性を重視した取り組みに山﨑馨（一九七八）の『想像から創造へ――人間的ゆたかさの教育――』もある。

また、大村と同じく中学校の実践であるが、福岡教育大学国語科研究室・附属小倉中・福岡中・久留米中（一九七五）の研究は「認識力」の育成を主眼にしている。「認識力」とはいわゆる「ものの見方・考え方・感じ方の力」とも言われる汎用的能力である。汎用的能力はＰＩＳＡショック以降特に強調されて来たが、先の読めない変化の速い社会を切り拓く上で重要な能力であることは言うまでもない。

本研究の理論を構築した浜本純逸・森田信義は文章を「生活文（再現的文章）」「論理的文章」「文学的文章」に分け、それぞれの作文に取り組んでいる。浜本は「文学的文章」について次のように述べる。

文学的認識の文章ということもできる。文学的認識とは、具体に即した形象的認識である。わたしたちの周辺には、論理的思考だけでは認識できないものが多くある。それを直観や想像《イメージ》を使って、比喩、形象、虚構など文学独自の方法によって認識していくのである。（浜本、一九七五、一五頁）

本研究は三種の文章を書く（または読む）ことによって、「書く（読む）」という言語技能と「認識力」という汎用的能力の双方を関連づけて育てる重要性を説き、詳細なカリキュラムを作成し、これを実践したという歴史的な研究である。

三　「読む」と「書く」を連関させる

一九七〇年代後半から一九八〇年代にかけては「読み書き関連」指導が盛んに研究、実践された。このことは一九七七（昭和五二）年版学習指導要領の国語科領域構造が「表現」と「理解」の2領域になったことにも関わりがあるだろう。読み書き関連指導の歴史は古く、吉田裕久（一九八五）は明治期以降一九八〇年代中盤までの読み書き関連指導に関する史的考察を行っている。吉田がその中で「現時点における読み書き関連指導の到達点を示すもの」（五九―九三頁）と評する研究が『国語科関連的指導法（全三巻）』（藤原宏・愛媛国語研究会、一九八〇）である。本研究の要点は関連指導を次のような3つの型に類別したことである。

A類型……読解過程に書く活動を関連させる指導
B類型……読解した結果を作文活動に転移する指導
C類型……作文活動の中に読みを導入する指導

いわゆる「読み書き関連指導」として広くイメージされるのは、A類型だろう。「読むこと」が主であり、「書くこと」はその目的達成のため従として用いられる。一方、C類型はその逆である。注目すべきはB類型である。「読むこと」と「書くこと」の立場が対等であり、「読解」の「結果（内容、表現方法）」が「作文」に転移するという捉え方である。つまり、「読むこと」→「書くこと」という方向性として表すことができる。

瀬川榮志・浜松創造国語研究会（一九八三）は「文学的教材を読んだ結果や方法を文学的作品を創作することに生かす本質的関連学習」（九頁）において藤原らの言うB類型を「文学的文章」に特化し研究、実践している。瀬川は本質的関連指導の過程を「①読解過程　②移行過程　③表現過程」の3過程で編成し、それぞれの過程において「転移」すべき能力を明確化した。瀬川は述べている。

文学的教材を読み、その結果や方法を文学的な作品を創作する力に生かす〃……この、文学的教材における本格的な関連指導を実践した結果、思いがけないすばらしい作品がつぎつぎに誕生した。まさに〃子供の可能性を発見した〃ということにつきる。（一六―一七頁）

このような「物語」の学習における「書くこと」と「読むこと」の連関を意図し、特に「物語を書く」ことを目標に「物語を読む」学習を仕組んだ単元開発として武西良和（一九九二）の「物語の世界に遊ぼう」がある。この単元開発、及び実践について岡村寛（一九九二）は、「子どもたちは物語を読むのが好きだからそのエネルギーで物語を作り、書いたものをみんなで読み合い、話し合うというサイクルでことばの力をつけていこう。」という意図のもとおこなわれた実践であると紹介し、「活動が総合的でリズムのある学習」「一貫性があ」る学習だと評している。

　これらの実践研究は、内容・構造の両面で「物語を読むこと」と「物語を書くこと」を連関させようとしている。ただし、ベクトルの向きは「読むこと」→「書くこと」の一方向のみであった。だが、「物語」の学習には「書くこと」→「読むこと」というD類型も存在するのではないだろうか。このことについては三藤恭弘（二〇一五b）が考察している。

　吉永幸司（一九九二）は、「「物語を作る」ということを意識させながら、物語を研究的に読ませることを意図した単元」を構想、実践している。吉永は本単元について「読ませられる、作らされるという受け身のものでなく、進んで読む、作るというように、読むと作るが有機的にかかわり合った単元である。」（一二七頁）と述べている。この単元開発、及び実践について山本稔（一九九二）は「物語作りを目指す研究読みは、作者の《ママ》追体験する立場で展開する。それは、いたって能動的な読みの姿勢として表れる。」（一四七頁）と述べている。また、「物語作りの学習活動に示される課題があまりにも抽象すぎるため、どうかすると、物語への憧れとは裏腹に、その創作活動はみじめに幕を閉じることが多い。」と「物語づくり」学習が陥りやすい落とし穴について指摘するとともに、「物語を作りたいという憧れと物語を作るということはすぐに結びつかない」という吉永の言葉について、「「すぐに」の副詞に注目したい。ここに物語を作りたいという子どもの憧れを、すなおにみたしてやるための吉永教諭の指導の腐心が、凝縮されている。」（一四七頁）と述べ、吉永の課題設定に対する細やかな工夫に焦点を当てている。この吉永と山本の研究には「物語づくり」学習・指導への深い実践的な洞察があり、現在の課題状況解決への糸口も見てとることができる。なお、「読む—書く—読む—書く」の循環的取り組みについては、三藤恭弘（二〇一四b）の同一学級における二年間（小学校五—六年）の実践研究もある。

読み書き関連指導について白石寿文・桜井直男（一九八六）も興味深い指導案を発表している。「創作力に培う—高学年」というタイトルのもと、「行動、会話、情景描写を入れながら人物の気持ちを豊かに書く」（一八八頁）という目標の授業である。

関連指導については青木幹勇の存在も忘れることはできない。一九八三（昭和五八）年に「読み書き並列から読み書き一体化へ」を著し、その後『第三の書く』（青木、一九八六）、『子どもが甦る詩と作文』（青木、一九九六）では「物語づくり」への言及を深めていく。

わたしは、フィクション作文を書くことのメリットとして、想像力の育成を強調しましたが、もう一つ大切なことがあります。それは、この作文が読むことと、書くことをつなぐ、つまり理解と表現の一体化にとって大きく機能するということです。（青木、一九九六、二〇—二一頁）

わたしはまだ、子どもたちに本格的な創作童話の指導を試みてはいませんが、この虚構の作文のコースの彼方には、本格的な童話の世界のあることを確信しています。（青木、一九九六、三一頁）

四　虚構を書くことの教育的有用性とメソッドの探究

青木もそうであったが、リアリズム作文の縛りを解き放とうとする主張、あるいはそのこと自体が「物語づくり」学習の有用性であるという考え方が一九八〇年代から増えてくる。池田操＆「58の会」（一九八八）では、「変身作文」や「もしも作文」などのアイディア、実践例を多く納め、「苦行から遊びへ」、「質から量へ」、「書き方重視から、書くこと重視へ」(一一頁)など、それまでのリアリズム重視に対しアンチテーゼを唱えている。

また、首藤久義(一九九四)も「生活文偏重の問題―虚構のすすめ」(一二九頁)として、「ありのままに書きなさい。」という指導へ疑問を投げかけ、「年齢の低い段階から大いに虚構を取り入れてほしい。」(一四〇頁)と述べている。

また、同じく一九八〇年代から増えてきたのは認知科学の知見を生かした「物語」の学習へのアプローチである。岩永正史は「物語スキーマの指導――アメリカ合衆国の場合を例に――」(岩永、一九八六)で、人の内部知識としての「物語スキーマ」とそれを言語化した「物語文法」が児童の「物語」の学習にどのような影響を及ぼすかを検討している。

桑野徳隆(一九九七)は「物語」を読むことや書くことに「物語文法」を利用しようとした取り組みとして位置づけることができる。特に「物語を書くこと」を目標として、「物語を読むこと」の学習に入っていこうとする構成は連関的で、その橋渡し役を「物語文法」に担わせている。

内田伸子は「物語る」ことの意味と「物語産出」の内的メカニズムに関する論考を数多く発表している。これらに関わって内田は、おおよそ次のようにまとめている。

①自分の経験から物語の素材を再生的に利用する。②幼児期の終わりまでに典型的な展開構造を産出できる。③登場人物の目標情報は重要で、これは「欠如―補充」といった推論スキーマを喚起する。④推論スキーマの賦活は教示により促進できる。⑤結末を考慮して話を産出しようとする「プラン機能」が出現する。⑥回想シーン等の逆順方略が使える(可逆的操作ができる)ようになる。⑦因果認識、時間認識も幼児期の終わりまでに機能し始める。⑧物語の産出過程を制御し、その所産をモニターできるようになる。⑨モニター機能が働くには複数の次元を同時に操作できるようになる必要がある。

(内田、一九九六a、一八五―二〇一頁)

これらの指摘は小学校国語科における「物語づくり」学習の指導方略を考えていく上で重要である。

また、内田は「読むこと」と「書くこと」の連関について、次のように述べている。

> 文章理解と文章産出とは現象面では正反対の活動のように見える。（中略）しかし、内部過程についてはどうか。（中略）文章理解と文章産出とは同一の意識活動、同一の認知過程によって支えられていると想定することは無理なことではない。（内田、一九九〇、一五六頁）

内田の知見は「物語づくり」学習に関する教育的な有用性や方法論の模索に対して、原理的な面から今もなお多くの示唆を与えている。特に「物語文法」（物語スキーマ）、「読むこと」と「書くこと」の連関、生きる力についての言及は重要である。「物語文法」は研究者によってその定義が違うが、内田が紹介する定義は次のようなものである。

> 物語は「設定」＋「事件」＋「目標」＋「解決の試み」＋「解決」＋「結末」＋「心的反応」という基本的な構成要素と、その配列からなっている。（内田、一九九〇、三二頁）

さらに内田は「物語る」ことと「生きる力」との関連について次のように述べている。

> 「難題―解決」という語りの形式は物語の筋を生成する表現形式についての知識の一種である。同時にこれは物語を理解し、身の回りの出来事を理解する枠組みでもある。いずれ、自分が生きていくときに、これから

自分がどうするべきかを判断するときにも使われる枠組みにもなりうるのではあるまいか。

（内田、一九九〇、三五頁、傍線稿者）

（前略）物語、特に架空の出来事を組み込んだファンタジーは、現実をかけ離れた虚構世界へと子どもを誘うものではなく、現実には実現しないことを想像の世界で実現する術を模索する建設的な認識の営みであり、子どもの経験を一般化し、抽象化するための「シミュレーション」として適応的な機能を果たしているものと考えられる。

（内田、一九九六b、四五頁、傍線稿者）

「物語づくり」が子どもたちを現実と虚構の間で往還させ、子どもたちの経験を一般化、抽象化する、あるいは一般化、抽象化されたものを現実化するという機能については、庄井良信（一九九五）や井上一郎（二〇〇五）も言及している。三藤恭弘（二〇一三）もこの虚構―現実間の往還運動の重要性に着目し、運動のさ中に認識の力（もの の見方・考え方・感じ方の力）が身に付くと考えた。

「難題―解決」という語りの形式については、物語文法の骨子と考えられ、内田はこれを「推論枠組み」と呼ぶ。この推論枠組みは「物語づくり」学習の指導法、及び教育的有用性に関わる重要な鍵である。この因果的な思考、つまり論理的な思考力の育成という観点がこれまでの「物語づくり」学習では見落とされる傾向にあったという点は否めない。

認知科学の「制約」という知見を用いた実践に松崎正治（一九九六）がある。とかく「自由に書きなさい」に陥りがちだった創作指導だが、「自由」（制限無し）という状況は、情報処理範囲が限りなく広がり、児童に対し過大な負荷をかける両刃の剣ともなる。どこを考えさせ、想像させるのか、「制約する（絞る）」ことが支援でもある。的を絞って「目標」を達成しようという単元の設定は時数面で制約のある教科書カリキュラム上の「物語づくり」

学習を成立させる上で特に重要である。

「着想」は大村の述べるように最も困難の伴うところでもある。田中宏幸（一九九八）は高等学校での実践において、インベンション（着想）指導について研究を進めている。田中は次のような3つの指導仮説を立てている（六三―六四頁）。①創造的表現活動への動機づけを図るためには、絵本を導入することが有効ではないか。②虚構の作文を書かせることによって、客観的に自己を捉えさせるとともに、豊かな自己表現を導くことができるのではないか。③書く意欲を喚起するには、「書き出しモデル」を提示することが有効なのではないか。これらの仮説は小学校課程に当てはめて考えることのできるものである。

一九九〇年代から二〇〇〇年代にかけては学力観の大きな転換期であった。その詳細についてはここで述べないが、そのような中で、井上一郎（二〇〇五）は「想像力」や「創造力」に言及し、それらが今のような時代に重要であると訴え、「物語づくり」の実践例を紹介している。

佐藤明宏（二〇〇四）は「自己表現力」をテーマとして「物語づくり」の実践について論考している。単元「卒業記念物語集を作ろう」は、「物語集を作る」という活動が最終目標として位置づけられ、そこに向かって互いに学び合うという単元である。特に「他の児童の作文に学ぶ」という学習段階では、友人がどのようにして優れた表現を産み出したのか、その背景を尋ね合い、教え合わせるという児童間カンファレンスを導入している。また、既成の物語を書き換える単元「動物物語をつくろう――サーカスのライオン――」では、児童が詳細な物語の構造を学びとり、自分の物語に取り入れたことを報告している。

二〇〇七年、〇八年、『ライティング・ワークショップ』（R・フレッチャー&J・ポータルピ、二〇〇七）、『作家の時間』（プロジェクト・ワークショップ、二〇〇八）というアプローチがアメリカから入ってくる。その考え方の特徴をいくつか紹介すると、①「作品指導」に重点があるのではなく、「作家（＝書こうとする人）指導」に重点があること、

②授業形態が「ワークショップ型」であるということ、③双方向型の指導・支援として「カンファレンス」という形態をとること、④目標は「出版」にあるということ、⑤ミニ・レッスンの時間があること、などである。これらは発想の転換とも言えるアイディアを含み、大きな可能性を秘めている。なお「出版」というキーワードについては、横田経一郎（二〇一二）が「出版学習」の形態と可能性について述べている。

「出版学習」を含め、様々な「書くこと」の指導例を紹介しているのが森川正樹（二〇〇八）である。一〇〇例に及ぶ指導例はアイディアに富んでおり、「物語づくり」に関わる例もたくさん掲載されている。指導者と児童のやり取りの記録や肉筆の作品資料にはリアリティがある。

三藤恭弘（二〇一〇）は「物語づくり」の様々なアイディア（三〇の指導案）を提示している。プロップやロダーリの知見を生かした単元（「プロップのカード」、「ベファーナの分析」）は後に授業公開や実践考察もおこなっている（三藤、二〇一二他）。また、三藤（二〇一五a）では、一年生後期の児童に対して「事件―解決」の枠組みを用いて、部分創作を行わせ、育成できる能力について考察している。一連の論考とあわせ三藤の主張点は主に次のようなものである。①児童の「物語づくり」への高い関心・意欲が「学びの推進力」に変換可能。②「物語づくり」学習による「物語スキーマ／物語文法」の獲得、及びそのことによる「物語を読むこと」との循環的連関が「書くこと」「読むこと」双方にとって重要。③「現実―非現実」間の往還によって「認識力（ものの見方・考え方・感じ方）」の育成が図られる。④「プラン能力」等創造的汎用能力（生きる力）の育成が可能。⑤「事件―解決」の推論枠組みを中心としたストーリー指導（プロット指導）により「思考力」の育成が可能。⑥国語科教育において、イメージを創造し、他者を感化しようとする（あるいは他者のそのような行為を読み取ろうとする）「物語り」の教育が必要。それはコミュニケーション教育、メディアリテラシー教育の面からも重要である。

山本茂喜（二〇一四）は物語論の知見を生かし、「ストーリーマップ」、「キャラクターマップ」を提唱し、物語構造の視覚化を進めている。「ストーリーマップ」は4要素の「物語文法」であると言え、「キャラクターマップ」は登場人物の役割を位置づけたものである。いずれも「物語」をメタ的にとらえるのに機能する。山本はフィンランドの国語教科書が低学年より、繰り返し「物語の構造」を学ばせ、これらがひな型として、物語を「書くこと」にも「読むこと」にも用いられていると述べる。また、「起承転結」型指導の弱点、限界を述べ、「ストーリー」の重要性を説いている。

中学校の実践となるが、勝田光（二〇一三）は、「物語文法」を生徒に提供することが、生徒自身の「物語スキーマ」意識を呼び覚まし、生徒自身がそのスキーマを更新したと報告している。また、勝田（二〇一七）ではフリーバディやアメリカの実践家モスの考え、取り組みをもとに、これまでの日本における「読むこと」の指導を再検討し、「物語づくり」をゴールとした「読むこと」の学習の意義について述べている。

「物語づくり」をゴールとした「読むこと」と「書くこと」の連関的単元学習として、二瓶弘行（二〇〇六）は「海のいのち」を読んだ後に「わたしの「いのち」」を創作させる単元を組んでいる。この時、「読む」→「書く」を橋渡しするのは「文学作品の「自力読み」25の観点」である。優れた読者の育成を追求していくと、そこに「書くこと」と関わるある種の共通項が現れ、自ずと「物語づくり」学習が立ち現れてくると言えるだろう。

飯田夏季（二〇一五）は、「物語づくり」学習を、心理的発達段階と関連させた上で、教科書会社での取り扱いや先行実践等の検討を踏まえ、「物語づくり」学習指導の新たな提案を図っている。なお飯田夏季は、本書Ⅲ第2章の執筆者である。

発達段階との関連を踏まえたものに、児玉忠・堀之内優樹（二〇一七）の論考がある。本論考は児童の学齢発達特性を踏まえ、実践検証した上で「学齢発達モデル」を提示し、「6年生の論理的な思考の発達、往還的思考の発達に支えられ、創造性の発達は停滞するのではなく、むしろ幅が広がっていると言えるのではないか。」（一七頁）

と述べている。また、「物語づくり」のカリキュラムに関しては、本書における成田雅樹の論考や三藤恭弘（二〇一四）においても論じられている。

五　まとめ

以上、「物語づくり」学習指導及び研究のあゆみとして、戦前のものや中学校、高等学校、あるいは隣接学問領域の研究成果等も取り上げながら考察してきた。

「物語づくり」学習の教育的有用性については以前から「児童の関心・意欲の高さ」や「想像力」、「創造力」、「認識力」等汎用的能力育成の面、あるいはさらに広範な「人間教育」「人間解放」の面など様々なものがあげられてきた。今回、これらに加え、あらためて浮き彫りとなったのは、まず「叙事的文章」としての側面である。つまり「事件の原因・經過・結果等を記すのが眼目」（芦田、一九一三）というストーリー指導（プロット指導）の観点である。拡散的な思考力育成の面が強調されがちだった「物語づくり」学習の教育的有用性であるが、「叙事的文章」としての基本に立ち返れば、収束的な思考力（論理的な思考力）育成においても有用性を発揮することは、近年の研究でも明らかにされている。

また、「読むこと」との原理的関連性、一体性についても戦前より指摘されてきた点であるが、あらためてコミュニケーション構造の中における「物語テクスト」というメディアの側面を意識すれば、指導方略は自ずと連関的な構想へと導かれることになる。特に「読むこと」「書くこと」両面において、「物語内容」だけに留まらず「物語言説」としての構造やそれを構築した作者の工夫、つまり、「物語行為」の裏に存在する作者の意図などにも指導対象を広げていく学習は古くて新しいテーマであり、その場合、「物語の構造」が両面から学ばれるべき対象として重要となる。この構造については、叙事的文章としての性格や思考力育成の観点から考えるなら、まずは「物語文法」と呼ばれる「ストーリー（あるいはプロット）」に関わる構造を両面で重視していくことが重要であろう。この部分に関する有用性のとらえの弱さ、指導の脆弱性が「物語づくり」学習をして指導者に悩み深きものと感じさせていた一因であろうと考えられる。「物語を作りたいという憧れと物語を作るということはすぐに結びつかない」という吉永の言葉の意味するもの、それは「物語づくり」学習についての教育的有用性の理解と、それを生かした的確な指導方略や指導方法の必要性である。

指導方略や指導方法上の工夫に関しては、大村や松崎の知見からも「指導内容の絞り込み」が重要であるとわかる。このことに関しては教科書会社の担う役割も大きいであろう。

今後の「物語づくり」学習指導に関わる課題であるが、低学年から高学年に向けての「物語の創作」学習指導カリキュラムの検討、構築が急がれる。二〇一七（平成二九）年版の学習指導要領においては、新たに低学年の言語活動例として「物語づくり」活動が提示される一方、二〇〇八（平成二〇）年版では例示されていた高学年の「物語づくり」活動が姿を消している。「読むこと」と「書くこと」の原理的関連性、一体性から考えれば、本来高学年においてもカリキュラム上に位置づけるべきであろう。消えた背景にもしも指導上の困難があるのならば、課題状況の解決は急がれる。

以上、今後の「物語づくり」学習指導及び研究の足場づくりとして、これまでの「物語づくり」学習指導に関わる実践と研究を概観し、考察を加え、あらためて知見の導出を試みた。今後の更なる実践と研究の発展を期待している。

文献

青木幹勇（一九八三）「読み書き並列から読み書き一体化へ」、『教育科学　国語教育』、明治図書
青木幹勇（一九八六）『第三の書く　読むために書く　書くために読む』、国土社
青木幹勇（一九九六）『子どもが甦る詩と作文　自由な想像＝虚構＝表現』、厚徳社
秋田喜三郎（一九一九）『創作的讀方教授』、明治出版株式会社、三三五頁
芦田恵之助（一九一三）『綴り方教授』、育英書院
飯田夏季（二〇一五）『物語作文の指導法の研究』、平成二六年度秋田大学大学院教育学研究科修士論文
池田操＆58の会（一九八八）『書くことが楽しくなる「ファンタジーの作文」事例集』中央美版
井上一郎（二〇〇五）『国語力の基礎・基本を創る――創造力育成の実践理論と展開』、明治図書
岩永正史（一九八六）「物語スキーマの指導――アメリカ合衆国の場合を例に――」、全国大学国語教育学会編『国語科教育』第三十三集、六七―七四頁
内田伸子（一九九〇）『子どもの文章　書くこと考えること』、東京大学出版会
内田伸子（一九九六ａ）『子どものディスコースの発達――物語産出の基礎過程――』、風間書房
内田伸子（一九九六ｂ）『ことばと学び　響き合い、通い合う中で』、金子書房
小川利雄（一九七三）『ぼくらにも書かせて　小学生と童話のせかい』、教育出版センター
岡村　寛（一九九二）「単元「物語の世界に遊ぼう」の研究」、日本国語教育学会編『国語単元学習の新展開　小学校高学年編』東洋館出版社、一二一―一二六頁
大村はま（一九八三）『大村はま国語教室第六巻　作文学習指導の時間』、筑摩書房
勝田　光（二〇一三）「創作指導における生徒の物語改作過程のケーススタディ――教室談話と授業後インタビューの分析――」、全国大学国語教育学会編『国語科教育』第七十五集、二四―三二頁
勝田　光（二〇一七）「読むことの学習指導に物語創作活動をどう位置づけるか――モスによるフォーカス・ユニットの再評価を通して――」、日本国語教育学会編『国語教育研究』Ｎｏ．五三七、三八―四五頁
金子彦二郎（一九三〇）『現代女子作文』巻一―巻五、修正再版、光風館書店
倉澤栄吉・今泉運平（一九五五）『子どもの創作の指導』東洋館出版社
桑野徳隆（一九九七）『物語が大すき』、岩崎書店

児玉 忠・堀之内優樹（二〇一七）「物語創作における学齢発達に関する一考察：児童の作品分析を通して」、『宮城教育大学紀要』、第五一巻、九一―一八頁
佐藤明宏（二〇〇四）『自己表現を目指す国語学力の向上策』、明治図書
首藤久義（一九九四）『書くことの学習指導 場を作り、個に則して、書く生活の向上を助ける』、有限会社編集室なるにあ
庄井良信（一九九五）『学びのファンタジア「臨床教育学」のあたらしい地平へ』、溪水社
白石寿文・桜井直男（一九八六）『小学校作文の授業――練習学習と書くことを楽しむ学習――』、教育出版センター
瀬川榮志・浜松創造国語研究会（一九八三）『創作・表現力が育つ文学的教材の授業』、明治図書
竹長吉正（一九八〇）「西尾実氏の作文教育観――「創作学習」観の推移を中心に――」、全国大学国語教育学会編『国語科教育』第二十七集、六四―七一頁
竹長吉正（二〇〇一）「創作学習の現在と過去――国語科創作学習の歴史的考察――」、『埼玉大学国語教育論叢』第四号
武西良和（一九九二）「単元「物語の世界に遊ぼう」（6年）」、日本国語教育学会編『国語単元学習の新展開 小学校高学年編』、東洋館出版社、九七―一二〇頁
田中宏幸（一九九八）『発見を導く表現指導 作文教育におけるインベンション指導の実際』、右文書院
田中宏幸（二〇〇八）『金子彦二郎の作文教育――中等教育における発想力・着想力の指導――』、溪水社
西尾 実（一九七四）『西尾実国語教育全集』第一巻、教育出版
西尾 実（一九七六）『西尾実国語教育全集』第八巻、教育出版
二瓶弘行（二〇〇六）『夢の国語教室創造記』、東洋館出版
波多野完治（一九六六）『創作心理学』、大日本図書
福岡教育大学国語科研究室・附属小倉中・福岡中・久留米中（一九七五）『認識力を育てる作文教育』、明治図書
藤原 宏・愛媛国語研究会（一九八〇）『国語科関連的指導法』（全三巻）、明治図書
プロジェクト・ワークショップ（二〇〇八）『作家の時間――「書く」ことが好きになる教え方・学び方【実践編】』、新評社
松崎正治（一九九六）「文学的文章創作の課程 ――〈制約〉の観点から――」、両輪の会編『国語教育の理論と実践両輪』第19号
三藤恭弘（二〇一〇）『書く力がぐんぐん身につく「物語の創作／お話づくり」のカリキュラム30 ――ファンタジーの公式――』、明治図書
三藤恭弘（二〇一二）「言語活動材としてみた「プロップのカード」の可能性」、学校教育研究会編『学校教育』一一四〇号、三八―

四一頁
三藤恭弘（二〇一三）「「物語の創作／お話づくり」における認識力育成に関する考察 ――ファンタジーの思考往還機能に着目して――」、『広島大学大学院教育学研究科紀要』第二部第六二号、二〇九―二一六頁
三藤恭弘（二〇一四a）「国語科における「物語の創作」指導カリキュラムに関する試論」、日本教科教育学会編『日本教科教育学会誌』、二一―三〇頁
三藤恭弘（二〇一四b）「「物語の創作」と「物語の読解」の関連的指導に関する研究――「物語の方法」を共通項として――」、『広島大学大学院教育学研究科紀要』第二部、六十三号、一五五―一六四頁
三藤恭弘（二〇一五a）「「物語の創作」学習指導における推論的思考力の育成 ――「事件―解決」の推論的枠組みを用いたストーリーの構築指導を通して――」、全国大学国語教育学会編『国語科教育』第七十七集、六二―六九頁
三藤恭弘（二〇一五b）「「物語」の学習指導における「書くこと」と「読むこと」の関連指導に関する考察」、広島大学附属小学校国語研究室編『国語科教育実践の開拓と創造 ――吉田裕久先生とともに――』、六三―七〇頁
三藤恭弘（二〇一七）「「物語の創作」学習指導に関する指導者の意識について」、田中宏幸先生御退官記念論文集編集委員会編『田中宏幸先生にまなびて』、九二―一〇一頁
森川正樹（二〇〇八）『小1～小6〝書く活動〟が10倍になる楽しい作文レシピ100例 驚異の結果を招くヒント集』、明治図書出版
山﨑　馨（一九七八）『想像から創造へ ――人間的ゆたかさの教育――』、一光社
山本茂喜（二〇一四）『一枚で読める・書ける・話せる！魔法の「ストーリーマップ」で国語の授業づくり』、東洋館出版社、一四七―一五一頁
山本　稔（一九九二）「単元「物語を作ろう」の研究」、日本国語教育学会編『国語単元学習の新展開 小学校高学年編』、東洋館出版
横田経一郎（二〇一一）『10の力を育てる出版学習 論理的思考力をコミュニケーションへ』、さくら社
吉田裕久（一九八五）「「表現・理解」関連指導の史的推移・読み書き関連指導を中心に」、『愛媛大学教育学部紀要 第1部教育科学』vol. 31、五九―九三頁
吉永幸司（一九九二）「単元「物語を作ろう」（6年）」、日本国語教育学会編『ことばの学び手を育てる 国語単元学習の新展開Ⅳ 小学校高学年編』、東洋館出版社、一二七―一四五頁
ラルフ・フレッチャー&ジョアン・ポータルピ、小坂敦子・吉田新一郎訳（二〇〇七）『ライティング・ワークショップ』、新評社

Ⅱ 「物語づくり」学習における読み書きの関連

塚田　泰彦

一　教えられなくても物語はだれでも書ける

出来不出来を別にすれば、物語は教えられなくてもだれでも書ける。ただ、実際に筆を執って原稿用紙に向かって書いてみるということが意外とないだけである。日常会話で語られる「物語り」に至っては、だれにとっても慣れ親しんだ創作活動である。嘘か本当か自分でも分からなくなるような巧みな物語が口を突いて出てくることもしばしばである。

筆者も「だれでも書ける」という意外な体験をした一人である。中学一年生の夏休みのことである。遊び呆けて机に向かうこともあまりなかった頃であるが、一年生の五クラス全員に出された夏休みの課題が、「小説を書いてきなさい。いい作品を選んで最優秀賞を決定するから。」というものであった。読書の習慣すらなかったスポーツ少年の筆者は、しかし書いてみたのである。自分で言うのもどうかと思うが、いいSF小説が書けて、二位を獲得した。この体験は、その後、国語教育の研究を行う場合の重要なモティーフとなっている。どうして小説などほとんど読んでいない自分に「作品」が書けるのだろうか。

ここからはじめることにしたい。

物語の創作指導を受けたことがなくても、一定程度の物語は書けるが、三歳、四歳の幼児に虚構の物語は語れない。物語が言語で組み立てられることから、それは言語能力の発達と連動した一連の能力の獲得を前提にしているからである。もちろん、中学一年生まで待つ必要はない。内田（一九八六）によれば、物語能力は四〜五歳頃に着実に発達し、その骨格となる部分は比較的早期に獲得されるという。

内田伸子（一九八六）は、調査した五歳児と大学生の物語の筋の構成を比較して、「幼児の物語の筋の構成は、大人の展開構造との類似性、共通性がきわめて高いという結果が得られた。」として、さらにこう述べている。「とくに注目されるのは、大人の使う物語の技法、すなわち、筋の展開方略のほとんどすべてを、幼児期の終わりには使いこなせるようになっている、ということが示唆されたことである。」（一六七―一六八頁）なお、両者の違いは、物語の「産出過程をどのくらいモニターし、制御しているかということである。」（一七〇頁）という。仮に、本書が、物語づくりを「書きことばによる創作」と位置づけているとすると、指導の対象となる能力は、話しことばによる物語能力を獲得した後のことになり、この「モニターし、制御する」能力の発達とその支援が重要な関心事となる。しかし、まずは、「話しことば」による「物語り」と「書きことば」による「物語づくり」を区別する前に、その連続性に大いに意を注ぐ必要がある。

日常のお話を「聞き話す」、その後、物語を「読み書く」、この絶え間ない談話と文章（ディスコース）の発達過程の中で、実質的に物語能力も形成されていく。しかし、早期に習得され、活用され、発達するこの能力を客観的に捉えた上でそれをどう指導するかということが分からなければ、「物語づくり学習」が始められないわけではない。様々な準備や能力が整わなければこの学習指導が始められないと考えることは止めよう。まず、書いてみよう、書かせてみようということである。

ここで、筆者が実施した作文の調査結果（塚田、二〇〇三）から、創作された「物語」の実例を紹介する。調査は、「ゼロから本当に書きたいことを好きな書き方で書いてみよう」という二時間一単元の実験授業である。児童は、ゼロからの自由な創作活動を突然求められ、それぞれが様々なジャンルの文章を自分で自由に選んで記述した。「物語」はジャンルとしてはそれほど多くの児童に選択されなかったが、その中にこんな物語が書かれている。

○　小学四年生男子の創作事例（八四―八六頁）

この児童は、「あなたがほんとうに書きたいと思っていることについてメモをとりましょう。」というワークシートに、明確に「ものがたり　だい　森の中の動物」と記した後、プロットの構成要素とみられるものを一一項目記している（原文のママ）。

1．森のようす　2．動物のしょうかい　3．しゅじんこうわだれ！　4．森にうちゅうじんがくる　5．あたらしい動物がやってくる。　6．森がやばい、木がぜんぶなくなりそう　7．森にかみさまがくる。　8．森にへいわがもどる　9．あたらしいおうちをみんなでたてよう　10．森に春がくる　11．おわり

この児童は本文だけで六八三字の物語を創作した。特徴としては、動物（登場人物）の名前によしおさんやしみずくんといった固有名詞をつけていることや、「平和・戦争・平和」というストーリー構造が明確に存在することなどである。概要をまとめると次のようになる。（以下、カッコ内原文のママ）

まず自分の住む町の実名を記して、そこに実在する森をイメージしながら、植物も動物も平和で豊かに暮らしている様子を、動物を小さな順に紹介する形で、こうはじめている。「まずことりのひいと、かくたさんがいます。そのつぎには、うさぎのよしおさんとたかまつさんと、ねこのねもとくんで犬のしもじょうくんとしみずくんでくまのこざわ

くんとさくまくんとたなかくんです。」。そして「あるひのよるひかるぶったいが森におちてきて、どーんというおとがして、みんなは、おどろいて、おきてしまいました。」落ちてきた中から「うちゅうじん」がでてきて、「よしおさんにまほうをかけてなんとごじらになってしまいました。」この後、地震が起こるようになり山が噴火して大変になりますが、「あるひ上からかみさまがきて山をなおしてくれました。」そこで、みんなで新しいおうちを建て、「そして森に春がきて山がにじいろになりました。」

この例は、小学校四年生でも短時間で教師側の期待に十分応えた内容の物語が書けることを示している。

ところで、この実験授業が示唆していることは、物語に限らず、さらに様々なジャンルの創作が、自力で一定程度可能であるということである。或る小学六年生のクラスでは三一人中一〇人が一番書きたいこととして「説明記録文」を書いたが、このクラスでは何らかの理由で、「説明記録文」というジャンルの概念（知識）を予め持ち合わせていて、実際に記憶を頼りに、このジャンルの基本構造を維持した創作文が書けたということになる。一連のこの調査からは、ジャンル固有の知識についてその適否を厳密に問わなければ、だれでも詩も生活文も説明記録文も物語も書けるということが明らかになった。要求するジャンルの概念の厳密さや他のジャンルとの差別化を前面に出さなければ、これらの調査事例が示しているように、読むことの経験を積み重ねるなかで、自然とジャンルに即して書く能力も同時に再生的に習得されていくのである。読むことと書くことは関連して学ばれ、かつそれは同時に習得されていくのである。

なお、国語科の「関連指導」ということで言えば、昭和五二年改訂の学習指導要領（国語）が「表現・理解」と「言語事項」という二領域一事項で構成されたことが思い出される。言語活動は言語による思考活動を視野に入れると、見た目の「読む・書く・聞く・話す」という外面的な活動の領域区分では捉えられない或る本質を持っている。それは、表現と理解が連続し一体となってダイナミックに思考活動と言語行動を制御していくという点である。「言語生活」に基づく主体的な学びということも、考えている学習者の内面に接近することによって、この一体的な理解を深めることが前提となる。

「もともと国語科の読解理論は「表現・理解の一体観」に強く裏打ちされていたことが忘れられてはならない。読むことの実践理論は、垣内・芦田にはじまって以来、この一体観を長く奉じてきたのである。（略）表現主体の立場から「想の展開の過程」として読み書きを一体的に把握することが国語科の主流の考え方であった。」（塚田、二〇〇九、七―八頁）この「表現者の立場に立って読むこと」が書く力へとつながることが自覚され、読み書きの「関連指導」は国語科の授業で実質的な位置を占めるようになる。現在まだ十分とは言えないにしても、読み書きの関連指導は、聞き話す活動と一体となった総合的な言語活動として実践的な開拓が進んでいる。

以下では、この読み書きの関連を支えるシステムについて原理的な説明をし、物語づくり学習の実践的視野を明らかにする。

二　物語が「読める」と「書ける」を仲介する認知能力の発達

物語の理解（解釈）と表現（創作）にかかわって必須とされる能力に「物語文法」や「物語スキーマ」と呼ばれるものがある。

発達心理学辞典（一九九五）によれば、「物語を読んで、あるいは聞くことによってそこで展開されている物語の展開構造や登場人物の気持ちを理解し、時にはそこから教訓を読み取ったりなど、物語の意味表象を構成するためにはさまざまな知識が用いられていることが明らかになった。たとえば、物語では決まりきった始まりと締めくくりの形式をもっている。また物語特有の表現形式もある。さらに、物語の発端、展開、解決という展開規則についての知識（物語文法 story grammar）も動員される。これら物語に関する知識を物語スキーマ（story schema）とよぶ。物語を聞いてどこかで聞いたような話というように、筋の類似性に気づくのは物語スキーマが内面化されており、それに照らして筋を追うためである。」（内田伸子稿、六五五頁）

こうした内面化された知識の基本的なネットワーク構造が、物語が「読める」と「書ける」を仲介する認知能力として発達する。先に確認したように、六歳ごろまでには、大人顔負けの物語スキーマを獲得していくのである。では、物語に関するどのような知識や技法をどのように発達させていくのか。この点に関する情報は、物語づくり学習を展望するためには欠かせない。そこで、次の三つのレベルに分けて、考えてみる。

Ａ　物語文法（物語スキーマ）＝　物語の基本構成要素の組成
Ｂ　物語の技法＝　虚構性や人物造型、クライマックスの設定など
Ｃ　物語の世界＝　物語の時間的・空間的構造や事件の特質と描写、解決の方法など

Ａが記憶と認知のレベルで物語の理解と表現の一体性を支えるハブとして常に機能する。Ｂの技術的な知識は、Ａの物語スキーマが拡大し改編された周縁的な知識として記憶され共有されていく。Ｃの物語世界として描かれた出来事や人物の固有の内容は、一回一回、それを読みまた書く児童の個性（個人ごとの経験）と重ねられて、解釈されたり表現されたりして、その一部が記憶されていく。このＡＢＣ全体に及ぶ、児童一人ひとりの意識下での思考活動が物語づくりの学習を支えていく。そして、ＡＢＣが選択的に相互を規定しつつ、或る創造的なまとまりが生み出されるとき、一つの「物語世界」が形成される。[1]

このＡＢＣの相互の関連性は大変複雑である。そこで、これらの複雑な機構全体をコントロールする中心的な認

知システムについて、ここで共有しておきたい。J・ブリトンの「参加者の役割（participant role）」と「傍観者の役割（spectator role）」という言語機能についての考え方である（塚田、二〇〇一）。概略は、次のようなことである。

まず、「あなた」がリアルな世界にいてそこで生じる出来事を体験している場合、その出来事を理解する主体である「あなた」は「参加者としての役割」をそこで演じており、その結果、その世界は何らかの変化をする。主体者としての「あなた」の意識はそこでの「出来事」の変化に向けられている。これに対して、「出来事」が「あなた」がいま生きているリアルな世界では生じていない場合、その「出来事」は「あなた」の「話想」の中で構成されつつある。それは頭の中で起こっているため、「あなた」は現実に参加する必要がない。言わば、傍観者の立場で「話想」の中でその出来事を眺めているだけである。ブリトンは、この二つの役割を、それぞれ、「参加者の立場で言語を使うか」「傍観者の立場で言語を使うか」という言語の機能の問題として論じている。出来事をリアルな参加者の視点で記述する場合と、リアルな世界からは自由に距離をとって傍観者の立場で言語それ自体にも向き合いながら表現世界を構築する場合である。この二種類の言語表現の選択と結合の仕方が、表現者が表現する内容や世界とどのような関係を結ぶかを決定するのである。この二つの言語機能の選択方法が物語世界の構成の原理となっていると考えると分かりやすい。物語を理解したり表現したりする行為は、基本的に「登場人物と同化して参加者の役割を演じるか」「物語世界の構造を客観的に捉えながら、その時間と空間を適宜行き来する傍観者の役割を演じるか」という選択的能力に支えられている。この能力は、先に言及した書きことばによる物語づくりにおける「モニターし、制御する」能力とも深く関係している。この能力も順次発達するが[2]、「物語づくり学習」も、この二つの役割を意識化する活動を組み込むことで、豊かで個性的な物語世界の構築に結びつくことになる。

以上の原理的説明は、ファンタジー教材を念頭に置いてみると分かりやすい。

例えば、長崎源之助の「つり橋わたれ」は、お母さんが病気になったため、おばあさんを頼って都会から山村に転校してきた主人公トッコの物語である。トッコは村の子どもと馴染めず、山間のつり橋を村のこどものようには渡ることができない。しかし、しばらくして、或る日、不意に現れた男の子と一緒にいると、「とつぜん　どっと風が吹いてきて」、気がついてみるとこの男の子はいなくなっているがトッコは橋を渡っていて、橋の向こう側で村のこどもと一緒に遊ぶことができるようになったというストーリーである。橋の向こう側と馴染めなかったこちらの現実世界という二つの次元をふしぎなものを介して行き来することで、或る成長を遂げるというファンタジー教材である。宮沢賢治の「注文の多い料理店」も輻輳した異次元の構造を持っているが、これも「どーと風が吹いてきて」、異次元の世界を行き来することで主人公に或る変化が生まれる物語である。児童も、語り手の声に耳を傾けたり、主人公の心情に寄り添ったりしながら、この異次元の世界を行き来するのである。

三　「物語づくり」学習を支える知識と技能

こうした物語固有の基本構造を説明した、浜本（二〇一〇）の次の見解を共有したい。

「物語や小説の骨格は、だれか（A）がNの状態から、何か（X）に出会って反Nまたは超Nの状態に変わっていく、という構造（型）を持っている。変わっていく人物（A）が主人公である。何か（X）は人物であったり、事件であったりする。作者は、人物が変わっていく過程を、出来事を描写することによって形象する。テキストとしての作品を創造するのである。」（四頁）

浜本は続けて、この物語創作の方法として身につけさせたいことを五つ挙げている。「①どのような人物を登場させるか。その人物に名前をつけるかつけないか。②主人公をどのような出来事に出会わせるか。③プロットを作って人物と事件とのかかわりをいくつかの場面に分ける。④各場面の内的な連関に必然性が生まれるように描写する。⑤表現したい出来事が展開できたか、批評する。」（一三頁）

ここに示された物語の基本構造と創作のための視点は、学習者が創作する様々な物語を、「物語」というジャンルとして同定するために必須の要素であり、物語づくりの指導内容として不可欠なものである。しかし、先に紹介した小学四年生の物語「森の中の動物」が示しているように、浜本の示したこの基本構造は、すでにこの学齢の児童には「物語スキーマ」として獲得され、活用されている。では、改めて何をどう書かせることが実践的課題となるのか。浜本の①から⑤に照らしてみると、④と⑤についてはまだ不十分かもしれない。では、こうした不十分なところを、それぞれ追加したり削除したりする指導をすればそれでいいのか。この点は文学教育の考え方ともかかわって丁寧な議論が求められるところであるが、ここでは、先に示したＡＢＣのレベルごとの知識と技術の問題として考えておきたい。これら三つのレベルに対応する知識や技術を適宜系統的に取り上げて、学習者の物語づくりへの意欲を高めつつ、個性的で構造上も整合性のある作品を書かせることが目標になる。

このため、物語づくり学習の期待値の中には、物語というジャンルに固有の知識について理解を深めることと、他方でどうすれば多様で独創的で学習者の充足感のある学習をもたらすことができるかという二重の目的が絡んでいることになる。例えば、先の「森の中の物語」に個性を与えている夥しい登場人物の固有名詞化は、その後の指導ではどのように扱えばいいのだろうか。単なる技術的な指導として、枝葉を切り落とす指示を教師が出せばいいのか。おそらく、そうではないだろう。教師がそうした技術的な指導を行う前に、まずこの児童の創作意図を確認することが不可欠であり、その上で、どう変えるか（推敲）についての教師ないしクラスメートとの「相談」の過程が大切な時間になる。指導過程としてみれば、（１）自由な創作、（２）発表、（３）修正のための相談、（４）推敲と発表、という流れになり、この（3）の「相談」の過程を何よりも重視したい。この「相談」の過程では、「読み書き関連学習」の自然なサイクルによって、児童が物語スキーマをもう一度自覚することができる時間を確保したい。また、その学習を通して、自らの独創的な創作の意図を一貫して大切にすることの価値も学ばせたい。

物語の一般的な「型」の学習であっても、学習者の既有の物語スキーマが一度想起されて、その細部や基本要素が一つ一つ自らの表現意図によって改編されることで、その児童の書く行為に充足感がもたらされるのである。その意味でも、児童の創作意図や文章産出の過程についての反省的な対話を第一にして、技術面での直接的な指導は二の次にしたい。教師は、児童一人ひとりの認知的基盤（物語能力の発達過程）に目を注ぎ、これが児童の自覚的な創作意欲へと開かれるよう援助することが第一である。

浜本（二〇一〇）は、文学作品を学ぶことの本質的な意義を「日常の中の「ほんとう（真実）」を見る目を育てる」ことであるとして、「自己と自己を取り巻く現実を批判的に見る目は、自己の生き方への構想力となり、未来への想像力となる。」（三頁）と述べている。物語づくり学習の意義の中心にこの見解を置いて、その成立に向けた「授業デザイン」が求められるところであるが、どうすれば学習者を「ほんとう（真実）」と正対させることができるのか。この点についても難しく考える必要はないであろう。言語のシステムは言語による認識の機能と一体となって人間の認識活動を制御しているからである。例えば、人称代名詞や指示代名詞のシステムは、物語の空間と時間を認知する能力と一体となっている。だれがどこでなにをいつどのように認識しているか、この認識活動の本質に常にこうした言語のシステムが深くコミットしているという現実がある。このため、文学作品の持つ「構造」と「特質」が、学習主体の意欲や信念も含めた認知システムと一体のものとして作用するとき、自ずから真実への真摯なアプローチへと学習者は進み出ることになるのである。

四 「物語づくり」における関連指導の方法

「関連指導」の視点からすれば、物語スキーマを核としたどのような要素（指導事項）も表現と理解の双方から捉えることが可能で、またそれを可能にする指導上の工夫が求められるということである。これはメタ認知的アプローチ（＝「モニターし、制御する」能力）を推奨するということであり、学習者自らの内面にある認知過程を自覚的に取り上げるということでもある。

この視点で具体的な物語づくり学習の方法を次に例示して、本書のこの後の章で詳述される内容への導入としたい。

三藤（二〇一〇）は、物語空間での「現実―非現実―現実」という往還を「ファンタジーの思考往還機能」と呼んで、物語づくりの中心に位置づけ、「思考がファンタジーの活動（現実↓非現実・空想↓現実）を行えば、作品はメルヘンでもSFでもよい」としている（三二頁）。その上で、この文学の本質を支える「ファンタジーの思考往還機能」を核とした児童の想像力・認識力・言語力の育成のためのカリキュラムを提案している。なお、「この往還運動は物語創作における小さな活動においても頻繁に行われると同時に、作品を完成させるという大枠においても大きな往還を行うと考えられ」（三五頁）るとしている。このカリキュラムは三〇項目で構成されているが、ここではその中から、三つの項目（「イメージ・マップ」「視点転換」「書き換え」）を取り上げ、学習指導上の要点を解説する。

「イメージ・マップ」は、広く「マッピング活動」として知られる手法であるが、ここでは、「ストーリー・マップ法」と考えるとよい。物語文法や物語スキーマの概念との親和性が高いことがポイントである。ストーリー・マップはその名のとおり、登場人物と事件と場面を時間軸に沿ってマッピングする作業である。構想段階での簡略なものから、次第に詳細かつ整合性の高いマップへと書き換える作業は、本稿に言う、Aの物語文法・物語スキーマのレベルでの想起と洗練と独創性への挑戦を分かりやすいかたちで作業化させるものである。児童にとっては楽しい図示化の活動となる。この活動は、物語を読む場合においても「人物の相関図」を書かせたり、「事件の展開の構図」を書かせたりして理解を促す活動とつながっている。

「視点転換」は、Bの物語の技法のレベルでの「虚構性」やCの物語世界のレベルでの「物語の空間的構造」に深くかかわる活動である。登場人物のだれを主人公とし、語り手をだれにするか。物語は「語り手の視点」や「登場人物の視点」から様々な話が語られて、複雑な談話の世界が形成される。視点人物という用語もあるが、創作に当たって、児童は作者として、どこから（だれの視野で）なにを語るかを決定する。物語の時間的・空間的構造の複雑さに合わせて、これらの視点を適宜転換しながら語り継いでいくのである。ブリトンのいう「参加者の役割」と「傍観者の役割」が物語の空間と時間の多様性を保障する技術としてここで活用される。物語固有の「視点の構造」も、様々な物語を読む体験を繰り返すなかで習得される。人物の心情を理解するときにも、その人物の視点から事件や場面を捉え直してみる「視点転換」の活動は有効である。この活動は、創作の手順を学ぶ上でも有効で、登場人物ごとに彼らの視点から同じ事件を描写してみることで、表現内容の変化を確認することもできる。府川・高木編（二〇〇四）には、「語り手を変換して書こう」という活動が紹介されている（四六―四九頁）。ここでは、教科書教材でもある立松和平の作品「海の命」について、三人称から一人称への視点転換による書き換えが提案されている。「太一とクエが対峙する場面」を「太一の心情に迫るために、主人公「太一」を「ぼく（オレ）」と、一人称に変換して物語をかいてみる」という活動である。身につけさせたい力としては「○ことばを通しての認識・構造検討力　○ことばの機能への認識・話者想定の力」とあり、こうした理解活動での経験が、語り手としての意識を高め、語りの構造についてのメタ認知能力を刺激して、物語の表現活動で生かされることになる。

この例が示すように、視点転換の活動は、しばしば「書き換え」の活動と合わせて学習されると効果的である。この書き換え（リライト）は、近年、国語科で普及した活動であるが、物語の小さな部分から物語全体のレベルまでを適宜切り取って行うことが可能である。例えば、物語全体の「型」を対象にする場合には、予め用意した物語教材を読解した後に、これに類似した物語を創作させる活動も学年に応じて開発することができる。推理小説で言えば、犯人と事件の謎の解き方（型）などが親しみやすい例かもしれない。同じパターンで推理小説を書いてみることは、「ストーリーやプロット」へのメタ意識を喚起して、物語文法を洗練する活動になる。ここまで来れば、Aの物語文法もBの物語の技法もCの物語世界も同時に自覚的にかつ創造的に選択されることになろう。

これらの方法に対して、より総合的なアプローチとしては、「翻作法」と呼ばれる方法もある。首藤久義・卯月啓子編（二〇〇四）には、「翻作法では、作品の本文をそのままなぞったり、作りかえたりして、絵本や紙芝居やカセットブックを作ったり、劇にして上演したりして表現することを通して、作品を繰り返し読み、作品の内容・形式の両方になじみを深めることができます。

翻作法では、翻作すること自体が表現の学習になりますが、翻作するために原作を繰り返し読むうちに内容理解が、より確かなものになります。そういう意味では、表現活動を通して精読する（精細に読む）方法になります」（九頁）と説明されている。

以上に述べた方法は、いずれも、すべて言語の知識と対応しているという事実が、「国語科」として外せないポイントである。空間の認識が指示代名詞の選択ひとつで変化するように、また登場人物の場面ごとの心情の変化が、語彙の選択の仕方によっても表現可能であるように、言語のシステムやニュアンスが、物語づくりの細部にまで及ぶという事実に、児童の意識を常に向けさせる必要がある。言語による認識は言語それ自体への認識と深く関係しており、その関係性への自覚が物語づくりへのメタ認知能力を高めることになるからである。

注

（1）これらの物語の構成要素については、すでに西郷竹彦が独自の文芸学として体系化し、これを文学教育研究協議会（文芸研）が実践指導の方法として開拓したまとまった成果が、国語科の遺産として定着している。ここでは、西郷文芸学が主にBとCについて体系化したことをふまえて、Aの認知能力のレベルでこの問題を把握することの意義を強調しておきたい。

（2）アップルビー（Applebee, 1978）は、ブリトンのこの二つの言語機能についての枠組みに基づいて、二歳から一七歳までの物語概念（物語スキーマ）の発達の様相を学術的に記述した。ブリトンの指導の下で博士論文としてまとめられたものであるが、この方面の先駆的で代表的な研究業績である。

文献

内田伸子（一九八六）『ごっこからファンタジーへ　子どもの想像世界』、新曜社

内田伸子（一九九〇）『子どもの文章　書くこと考えること』、東京大学出版会

岡本夏木・清水御代明・村井潤一監修（一九九五）『発達心理学辞典』、ミネルヴァ書房

桑原隆監修、首藤久義・卯月啓子編、桑の実会著（二〇〇四）『翻作法で楽しい国語』、東洋館出版社

西郷竹彦（一九八九）『文芸研　国語教育事典』、明治図書

三藤恭弘（二〇一〇）『「物語の創作／お話づくり」カリキュラム30――ファンタジーの公式――』、明治図書

三藤恭弘（二〇一四）「「物語の創作」と「物語の読解」の関連学習指導に関する研究――「物語の方法」を共通項として――」、『広島大学大学院教育学研究科紀要』、第六三号、一五五―一六四頁

塚田泰彦（二〇〇一）「J．ブリトンの詩教育論における経験概念の特質」、『人文科教育研究』第二八号、四五―六三頁

塚田泰彦（二〇〇三）『学習者のテクスト生成過程における表現意識の発生とジャンル選択との関連性の研究』、平成一三・一四年度科学研究費補助金・研究成果報告書（研究代表者塚田泰彦）一―三一頁

塚田泰彦（二〇〇九）「考えて書くために読むことの学習をどう転換するか」、『月刊国語教育研究』第四四六号、四―九頁

浜本純逸（二〇一〇）「序章　文学の授業デザインのために――小学校高学年の授業と単元学習――」、藤原顕編著『文学の授業づく

りハンドブック』第3巻、溪水社、三一一九頁
府川源一郎・高木まさき編（二〇〇四）『認識力を育てる「書き換え」学習 小学校編』、東洋館出版社
Applebee, A. N.（1978）*The Child's Concept of Story*, The University of Chicago Press.

Ⅲ　小学校における「物語づくり」学習の実践

第一章　見立てから創作へ・「登場人物」を決めて物語をつくる

青木　伸生

一　お人形さんごっこの延長にあるストーリーの連想性

小さい子どもが両手にお人形を持っている。手にしているのは二人の女の子の人形だ。子どもは、両手の人形を交互に動かしながら、それぞれの「セリフ」を話している。

「ねえねえ、おままごとしましょうよ」
「いいわよ。わたしがお母さんでいい？」
「うん。なら、わたしはお姉さんになるわ」

人形を手にした子どもによって、ストーリーは中断することなく進められていく。

子どもは「見立て」の天才である。幼児期の「ごっこ遊び」の中で、その才能は存分に発揮される。お話づくりの基盤は、この「見立て」にあるといえる。「登場人物が確定すれば、お話づくりはできる」のである。

お話づくりの際、低学年の子どもは、登場人物に同化する。よって、「会話文」をつないで、一つのストーリーを生み出す。一方で、状況の説明は上手にはできないので、まだ「地の文」を駆使してのお話づくりは難しい。「会話文」をつないでのお話づくりを中心にして、言葉を操作することになる。

『小学校作文の授業』（白石寿文・桜井直男編、一九八六）に紹介されている「絵を切り抜いて書く」物語の創作活動は、「登場人物」の特定という意味で効果的だと言える。雑誌や広告にある絵を切り抜くことで、これからつくろうとする物語の「登場人物」が決まったことになるのだ。登場人物をきめることができれば、子どもは物語をつくることができる。

二　写真や絵をもとにお話をつくる

1　一枚の写真や絵をもとにお話をつくる

幼児の「ごっこ遊び」を基盤とすると、登場人物は多くない方が、お話はつくりやすい。写真や絵をもとにお話づくりをさせようと考えたら、子ども達に見せる写真や絵は、できるだけシンプルなものがよい。さらに言えば、子どもが同化しやすい登場人物が写っていたり、描かれていたりするとよい。広い野原だけでは、子どもが同化できる対象がないので、お話がつくりにくくなる。

『書けない子をなくす作文指導のコツとネタ』（上條晴夫、二〇〇六）にある、「一まいの絵を見て」の実践は、子どもに「地の文」を書かせる学習として興味深い。前述したように、登場人物が特定されると、子どもはその人物に同化して、「セリフ（会話文）」のつながったお話をつくることができる。しかし、「地の文」で場面の登場人物の行動を描写することがなかなかできないので、いわゆる「お話」は簡単にはつくることができない。そこで、「地の文」によって、人物の行動や置かれている状況を描写する練習をする。大切なことは、いきなり文章に書かせるのではなく、まずは口頭作文をさせることである。「一まいの絵を見て」の実践から、その方法を具体的に見てみる。

はじめに、一枚の絵を見せて、三人の兄弟が部屋にいることを確認させる。次に、絵の中の一人一人が何をしているかを口頭で答えさせ、それを教師が主述を整えて板書する。例えば、次のような板書になる。

1　きょうだいが三人います。
2　一人は、字を書いています。
3　一人は本を読んでいます。（中略）
6　字を書いているのは、お兄さんです。
6　本を読んでいるのは、お姉さんです。

絵の中の、だれが何をしているのかをはっきりさせて、文として示している。しかも、主語を確定させ、話題を明確にするために、「きょうだいが」「一人は」「字を書いているのは」などという主語の部分を、短冊に書いて黒板に掲示できるように工夫している。主語が変わると、状況の説明の仕方が変わる。また、どの言葉から始めるかが定まらないと、同じ状況を説明するにも、表現が多岐にわたりすぎて、子どもの混乱を招く。

写真や絵をもとにお話をつくるときのポイントを整理する。

・絵や写真の中に、子どもが同化しやすい登場人物がいるかどうかを教師があらかじめ確認しておく。
・絵や写真を提示して、何が（誰が）描かれているかを子どもが確認できるようにする。
・写真や絵の中の人物が何をしているところかを、口頭で作文させる。必要に応じて教師が板書する。
・板書された文をもとに、地の文と会話文の入ったお話をつくるようにする。

2　二枚以上の写真や絵をもとにお話をつくる

お話づくりのもととなる写真や絵が二枚になると、ストーリーに「動き」が出てくる。ストーリーに「変化」をつけることができる。「はじめはAだったことが、Bになった」というお話ができる。子どもは、二枚の写真や絵を見比べて、違っているところはどこかを探し出す。そして、そのことをお話にする。複数の情報を比較し、共通点や相違点を見いだすという思考活動は、低中学年の子どもにとってはたいへん大切な学びであり、そこで育つ力はものごとをとらえる上で、つまり、コンピテンシーとして重要な能力となる。

二枚の写真や絵からつくられるお話は、順序性を伴うことが多い。順序には、時間的な順序と事柄の順序がある。時間的な順序に沿ってお話をつくるとすると、「Aは、時間の経過によってBになった」という変容を表現することになる。事柄の順序に即したお話づくりでは、「はじめはAだった。次にBになる」という流れになろう。

写真や絵が三枚になると、ストーリー性はさらに多様化する。写真や絵をもとに「序破急」というような展開のストーリーがつくれれば、かなり完成度が高くなる。四枚になると「起承転結」の展開が構想できる。低学年として、どこまで求めるかは、それまでの学習経験や、一人一人の実態に応じることになるであろう。

『短作文の技術を高めるコツ』（横田経一郎編、一九九九）では、三枚のイラストをもとに二年生がお話をつくる活動を紹介している。この活動のポイントは、教師が一枚ずつに分けて絵を提示しているところである。子どもにとって、全体が三枚であるということが分かっていると、ある程度の見通しをもってお話を想像することができる。一枚目のイラストをもとに、まずは登場人物や、場面の状況を設定しようとするであろう。次に、二枚目のイラストを見て、何か出来事を設定するであろう。次の三枚目で、ストーリーは終結するわけだから、一枚目と二枚目のイラストから読み取る「変化」を、「出来事」として言葉にする必要がある。そして、三枚目でお話を終わらせるようような展開を考えるであろう。二枚目で、何か出来事を設定した後、それに対応するお話が作れるような三枚目になっているかどうかが難しい。子どもの思いと違ったもの、子どもの予測とは異なったイラストが示された場合に、子どもがどのように対応してお話を終わらせるのか、そのためにどのような手立てがあるとよいのかは検討の余地がある。

二年生という発達段階を考えて、場面のつながりにそれほどの緻密さを求めなければ、子ども達は自由な発想で三枚のイラストをつないでお話をつくることができるのかもしれない。お話づくりの基本学習としての位置づけでこの学習活動が設定されているのであれば、子どもが三枚のイラストを、ストーリーの連続性にそれほどとらわれることなく、自由な発想を自由に表現することにつなげることができよう。

3　青木幹勇の実践から学ぶ

『子どもが甦る詩と作文　自由な想像＝虚構＝表現』（青木幹勇、一九九六）の中で、青木幹勇は多様な虚構の作文を実践提案している。その中の一つに「漫画をネタにフィクションを書く」という実践がある。青木幹勇は、新聞の夕刊紙に掲載されている四コマ漫画をもとに、物語を創作する実践を紹介している。ここで示されているのは、六年生の作品であるが、低学年の子どもにお話をつくらせるときのポイントがしっかりとおさえられている。

まず、教師が示す例文の用意である。四コマ漫画をお話に書き換えるという活動がどのようなものかを、子どもに伝える必要がある。それには教師のサンプル文の用意が効果的である。全文でなくとも良い。書き出しが子どもに認識できれば、あとはその続きを書かせるように投げかけることができる。

次に、サンプルの文章をもとにした、指導の流れの設定である。青木幹勇は次のように構想している。

1　ストーリーを理解する。

2　鬼に名前をつける。
3　鬼になって書く。
4　三、四コマ目の理解を少し話させてみる。

1の「ストーリーを理解させる」のは、お話づくりに欠かせない。写真や絵をどのようにとらえるかが分かっていなければ、つまり、「漫画という情報」が読めなければ文章に表現することはできない。

2の「鬼に名前をつける」は、これまでに述べてきたように、自分がつくるお話の「主体」の設定である。自分が創作するお話には、だれが出てくるのか、ということの認識をさせるための重要な活動である。ここで紹介されていたのは、節分の日の四コマ漫画だったために、「主体」は鬼であった。その鬼に名前を付ける活動を設定している。子どもにとって、人物に名前を付けることは、その人物を自分につながりのあるものとして認定することである。これで、漫画に出てくる鬼が、「自分と関係のない他人」ではなくなり、自分のつくるお話に登場する資格のある人物となる。

3の「鬼になって書く」という条件設定はすなわち、「語り手」や物語の「視点」を設定したということである。お話づくりには、語り手の設定が必要だ。さらに学年が上がると、その語り手の視点を意識した地の文の創作ができるようになっていく。

4の「三、四コマめの理解」は、物語の「オチ」をいかに理解するかという、高学年として必要な活動であろう。ただし、「話させてみる」という活動がポイントである。低学年の子どもにも、写真や絵を見てお話づくりをさせるが、まずはその写真や絵をどのように理解するかが大切である。写真や絵の理解は、口頭作文のように、話させてみれば良い。いきなり書かせるのは、子どもにとって大きな負担である。まずは話をさせてみること、これは学年を越えて大切な活動である。

このように見てくると、青木幹勇の実践には、子どもの表現力を高めるために効果的な言語活動のアイデアが多様に紹介されており、しかも、その活動を実践するうえでの、学年の発達を考慮した、あるいは、学年を越えた指導のポイントが的確に示されているということができよう。六年生の子どもを相手に実践した指導の手立ては、当然低学年の実践にも必要なものなのだ。低学年の子どもが授業の対象であれば、六年生相手の手立てよりも、よりきめ細かくなる必要のあるものも出てこよう。子どもの実態に合わせた個別の手立ては、書くことにはとくに必要である。

4　特定の登場人物のお話を書く

(1)『お手紙』をもとにがまくんとかえるくんのお話をつくる

今まで述べてきたように、お話づくりには、「主体」の設定が必要である。子どもの言葉で言えば「登場人物」であり、その中の「主役」である。「登場人物」が決まるとお話がつくりやすくなる。そこで、一年生の子どもに、教科書学習材である『お手紙』（アーノルド＝ローベル）をもとに、お話づくりをした単元を紹介する。

単元の流れは以下の通りである。

①『お手紙』を読み、がまくんとかえるくんの人物像を探る。
②がまくんとかえるくんを登場人物にしたお話づくりをする。
③つくったお話を読み合い、感想を交流する。

(2)『お手紙』を読む

①単元の学習活動について見通しをもつ

『お手紙』は、長く教科書に学習材として掲載されている。登場人物であるがまくんとかえるくんの様子や気持ちを想像しながら読むのに適した学習材である。

まずは、学習の流れを子どもたちと確認した。

◆『お手紙』を読む（教科書学習材の理解）
⇩
◆がまくんとかえるくんの登場する物語を読書する（読書）
⇩※読書活動は、『お手紙』の読解と並行して行った。
　この活動で物語の作品構造も学んでいる。
◆がまくんとかえるくんの登場するお話をつくる
　※がまくんらしさとかえるくんらしさを変えないこと。
　会話文を入れたお話をつくること。

②物語の作品構造

物語の構造には様々な分類整理の仕方があるが、その中の一つに、次のような分類整理の視点がある。

A　くり返し型

B　事件型

Aのくり返し型は、読んで字のごとくくり返し構造をもった物語である。『大きなかぶ』は、その代表例である。おじいさんからねずみまでの登場人物が次々に登場しては、大きなかぶを引っぱるというところがくり返しになっている。教科書作品以外では、エリック＝カールの『はらぺこあおむし』などがよく知られている。

くり返し構造には、その中でまた二つの型に分けることができる。一つは、「大きなかぶ」のように、登場する人物が次々と変わっていったり増えていったりするものである。もう一つは、登場する人物は変わらないが、出来事がくり返しになっているものである。この例としては、昔話にある『三枚のおふだ』が挙げられる。登場人物は小僧とやまんばで、場面が変わっても人物そのものに変わりはない。しかし、三枚のおふだを順番に使うところがくり返し型になっている。一枚目のおふだを使うと、そのおふだは、小僧の代わりに返事をしてくれる。そのすきにやまんばから逃げる。二枚目のおふだを使うと、大水が出る。三枚目のおふだでは、大火事の炎が出る。人物は小僧とやまんばで変わりはないが、おふだが三枚使われることで、それぞれ違った出来事が起こるという、出来事のくり返し型になる。

Bの事件型は、典型的な「起承転結」の構造をもつ作品をさす。ストーリーの中で、何か大きな出来事があることによって、中心人物が変容するという展開パターンである。『モチモチの木』などがその典型といえる。

こうした作品展開に着目して分類しながら読むと、くり返しと事件の両方が一つの話の中に盛り込まれているものもあることに気づく。『きつねのおきゃくさま』や『大造じいさんとガン』のような作品である。子ども達は、これらの作品を「W型（ダブル型）」と名付けた。

このような作品構造を知ると、子どもはお話づくりがしやすくなる。子どもが、お話のフレームを自分の頭の中にもち、そのフレームを使って創作することができるようになるからだ。

③子どもの作品

子どもは、次のようなお話をつくった。

すいぞくかん　T・K

がまくんは、げんかんのまえにすわっていました。かえるくんががまくんのいえにきました。

「きみかなしそうだね。」

「うん、そうなんだ。」

がまくんがいいました。

「だってぼく、すいぞくかんにいったことないんだもん。」

がまくんがいいました。

「一どもかい。」

かえるくんがたずねました。

「ああ、一ども。」

がまくんがいいました。

二人はながいことげんかんのまえにすわっていました。

「ねえがまくん、ぼくしなくちゃいけないことがあるの。」

かえるくんは、かけてじぶんのいえにいって、えんぴつとかみをだしてなにかかきました。ふうとうにこうかきました。

「がまくんへ。」

いえをでました。

がまくんのゆうびんうけにそうっといれました。がまくんがゆうびんうけをみました。手がみにこうかいてありました。

「がまくん、あしたいっしょにすいぞくかんへいこう。」

「やった。」

がまくんがいいました。

「かえるくん、あしたいっしょにいこう。ありがとう。」


　つぎのあさ、がまくんとかえるくんはすいぞくかんにいきました。

「まず　さめをみにいこう。」

かえるくんがいいました。

「いいよ。どんなさかなかな。」

がまくんがたずねました。

「すごいこわいよ。」

かえるくんがいいました。

「すごいね。」

さめがおしえてくれました。

「むこうでイルカのショーをやってるよ。」

「かえるくん、四じだし、イルカのショーをみたいから、みてからかえろう。」

「いいよ。」

かえるくんがいいました。

二人は、ショーをみて、がまくんのいえにかえりました。

「たのしかったね。」

がまくんがいいました。

「うん。そうだね。またいこうよ。」

かえるくんがいいました。


この子は、次の作品もつくっている。

こうえん

T・K

がまくんは、げんかんのまえにすわっていました。かえるくんがやってきていいました。

「きみ、かなしそうだね。」

かえるくんがたずねました。

「うん、そうなんだ。」

がまくんがいいました。

「だって、ぼくこうえんにいったことないんだもん。」

がまくんがいいました。

「一ども。」

かえるくんがたずねました。

「ああ、一ども。」

がまくんがいいました。

それからふたりは、かなしいきぶんでげんかんのまえにすわっていました。かえるくんがいいました。

「あした、いっしょにこうえんいこう。」

「やった、ありがとうかえるくん。」

つぎの日がまくんとかえるくんは、こうえんにいきました。

「まずなにしてあそぶ。」

かえるくんがいいました。

「じゃあブランコやろう。」

がまくんがいいました。

かえるくんがいいました。

「つぎはすべりだいをしようよ。」

「たのしいね。」

がまくんがいいました。

「さいごにてつぼうしてかえらない。」

「いいよ。」

「たのしかったね。」

がまくんがいいました。

「またこようね。」

　そして二人ともしあわせなきもちでがまくんのいえにかえりました。そして、「たのしかったね」「たのしかったね」

といって、かえるくんは、じぶんのいえにかえりました。


　このお話をつくった後、この子は、こう言った。

「ぼく、お話がいくらでもつくれるよ」

　まさにその通りである。お話の冒頭は、『お手紙』の作品にそっくりだ。この子は、物語の書き出しを自分のお話づくりのために使い、それを活かして作品をつくっているのだ。低学年のお話づくりは、「まねる」ことから始めるのがよい。そして、子どもに、「これなら自分でもお話がつくれる」と思わせることが大切である。

また、別の子のお話も紹介する。

ピクニック

K・T

がまくんとかえるくんが、ピクニックにいくやくそくをしました。まえの日のよる、がまくんは思いました。

「かえるくんのすきなおかずをおべんとうに入れてあげよう。」

かえるくんも思いました。

「がまくんのすきなおかずを、おべんとうに入れてあげよう。」

あさ、二人はピクニックにでかけました。お天気がよくて、とてもあつい日でした。

がまくんは、

「つかれたな。」

といいながら、とぼとぼあるきました。かえるくんはたのしそうにあるきました。

たくさんあるいたので、がまくんはおなかがすいてきました。

「そろそろおべんとうをたべようよ。」

かえるくんはいいました。

「それじゃあ、おかの上でたべようよ。」

二人は、おかの上でおべんとうをたべるじゅんびをしました。とるぜん、がまくんはさけびました。

「あっ、おべんとうをわすれてきちゃった。どうしよう。」

がまくんはかなしい気もちになって、なみだがぽろぽろでてきました。かえるくんは、

「だいじょうぶだよ。ぼくのおべんとうをいっしょにたべよう。」

といって、がまくんをなぐさめました。かえるくんのおべんとうをあけると、がまくんはおどろきました。なぜかというと、じぶんがつくったおかずとおなじだったからです。

がまくんがおどろいたりゆうをきいて、かえるくんもおどろきました。
「ぼくたち、すきなおかずがいっしょだったんだね。」
と、二人はあたたかい気もちになりました。それから、なかよくおべんとうをたべました。

子どものお話づくりは、指導のあり方次第で無限に広がっていく。

文献

青木幹勇（一九九六）『子どもが甦る詩と作文　自由な想像＝虚構＝表現』、国土社
上條晴夫（二〇〇六）『書けない子をなくす作文指導のコツとネタ』、学事出版
白石寿文・桜井直男編（一九八六）『小学校作文の授業　練習学習と書くことを楽しむ学習』、教育出版センター
横田経一郎編（一九九九）『別冊教育技術　1999　12月号　小一～小六実践資料　短作文の技術を高めるコツ　作文を書くのが楽しくなる30のアイディア』、小学館

第二章　「書く力」・「読む力」が身につく物語作文の実践

尾崎　夏季

一　はじめに

物語作文は、自分で物語やお話を考えて表現するといった点で、児童にとって大変魅力的な言語活動である。事実、二〇一四年に秋田大学附属小学校四年生で物語作文に関するアンケートを実施したところ、「物語を作りたいか。」という問いに、五三・三％の児童が「はい」と答えていたが、物語作文を行った後のアンケートでは「物語作りは楽しかったか」という問いに「はい」が一〇〇パーセント、「また作りたいか。」という問いには、「はい」が九〇パーセントという結果が出ている。

現在、私は中学校に勤務しているが、小学生だけではなく中学生にとっても物語作文は大変魅力的な言語活動であるようだ。普段、作文を嫌がる生徒でも、物語を書きたくてたまらない、他の人の書いた物語を読んでみたい、と目を輝かせるのだ。書きたい物語が決まると、普段はなかなか筆の進まない生徒でも「もう物語を書いていいですか。」「今日も物語を書く授業ですか、とても楽しくて好きです。」「もっと他の人の作品を読んでみたいです。」と大変意欲的である。このように、物語作文は年齢を問わず、多くの生徒が好む言語活動なのだ。そして、他の人の書いた作品を読んでみたい作文なのである。物語作文は、意欲的に学習に向い、楽しみながら読み合い、推敲することのできる学習だ。

しかし、物語を好き勝手に自由に考えて表現するだけでは「書くこと」に関する力、「読むこと」に関する力はつかない。物語作文を行う際には「制限」や「制約」、「ルール」をつけてその中で考えることが、まずは必要なのである。制限などがあるからこそ、確かな学習となり、さらに発想も広がるのだ。

今回は小学校低学年でも、物語作文という学習を楽しみながら、思考力と表現力を鍛え、教師も物語作文を授業で行いたくなるような実践を紹介していこうと思う。

二　書き慣れることから物語作文へ

――森川正樹実践『小1～小6〝書く活動〟が10倍になる楽しい作文レシピ100例』より――

物語作文を本格的に書くためには、物語を「書き慣れる」ことが必要であろう。小学校低学年向けの物語作文の入門として、まずは一時間単位で楽しく書くことのできる「なりきり作文」や「もしも作文」といったものが挙げられる。今回は「なりきり作文」について紹介する。

1　なりきり作文

なりきり作文とは、「自分の視点を対象の視点に移動させて、一人称で書く作文」（横田、一九九九、八頁）とされている。つまり、自分以外の目線になりきって書く作文である。なりきり作文は、児童が楽しんで書くことができるだけではなく、意識的に他の視点となって物事を見ることで、ものの見方を広げることができる。また、「自分自身を見つめる何か」となって書いた際には、自分を客観的に見つめ直すこともできる。
森川氏の実践では「黒板」「道路」「道」「父のまくら」「ハムスター」「消しゴム」「教科書」「服」といった児童にとって身近なものや生き物が題材に選ばれている。このような身近な題材から徐々に「公園のベンチ」「若かったころのお母さん」「あのときの服」といった幅広い題材へと変化させていく。実際の流れは次の通りだ。

T：今日はみなさんの身近な物になりきってもらいます。例えばいつも使っている鉛筆になりきって作文を書いてみましょう。鉛筆が話しているように書くんだよ。（中略）
ヒント
①身のまわりの書くものをきめる。
②今日はそれになりきって文章を書くことを告げる。→「鉛筆」
③決めた物の「性格」を決める。→「おこりっぽ（原文ママ）」など
④決めた物の大体の「年齢」を決める。→「若い」「八〇歳くらい」など
⑤決めた物の性別を決める。→「男」
〈以上のようなことをノートに「構成メモ」として順番に書かせ（箇条書き）ながらイメージをふくらまして実際の作文に入る。〉（四〇頁）

実際の流れから分かるように、本実践からは特に一人称視点で物語を書く際の「設定」の大切さがうかがえる。一人称視点の物語は「私」の視点から語られる。つまり、語り手の語り口調により、物語の雰囲気や、語り手の意図するところが表現されるのである。そのため、語り手が男性か女性か、どのような年齢でどのような性格なのか、語り手の設定をしっかりと考え、まとめることで自然と語り口調が決まってくる。このように語り手の設定に力を入れることで、発想も広がり全体的にまとまりのある物語作文となる。また、身のまわりのものを主人公にするこ

とで、児童の「取材」することの負担感は減ることが予想される。

この実践は一時間で行われ、慣れてきたら隙間時間に行ったり、宿題にするなどしたようだ。単発の授業で行うのではなく、複数回行うことで物語を書くことに慣れるとともに、物語を書くことの意欲にもつながるであろう。

2　パロディー

パロディーとは書き換え作文のことである。ある作品の一部（構成、性格、出来事、物語と物語を合体させるなど）を書き換えて書く物語作文だ。パロディー型の物語作文は、物語の自然なつながりを考えたり、構成を学習したりする際に大きな効果を発揮する。次に紹介する森川氏のパロディーは、有名なお話を作りかえるものだ。パロディーを行う際に大切なことは次の二点である。

一、書き換えをする物語は児童がよく知っている（慣れ親しんでいる）ものであること。
二、制限を設け、ふざけるだけの授業にならないこと。

児童がよく知っている内容の物語でなければ、基となる物語を知らないため、パロディーとして書き換えることは困難だ。また、よく知っている物語を書き換えるとなると、子どもたちの想像も自然と膨らむ。しかし、その一方で、登場人物や物語の流れが「なんでもあり」になってしまうと、物語が破綻したり、学びのない授業になったりしてしまう。このようなことを防ぎ、楽しみながらも学びのある授業にするためには、「構成を変えずに書いてみる」「主人公の性格を変えてみたら、どんな物語になるだろうか」といった制限などを設ける必要がある。

（1）パロディーのパターン

「1　なりきり作文」でも紹介した森川氏のパロディー型の作文は小学校中・高学年を対象としているが、優れた実践であるので、ここで紹介する。森川氏の提示するパロディーのパターンには「主人公以外の登場人物から見た物語に作りかえる。」「昔話を日記風に書きなおす（文の種類・文種を変える）」「設定を変える」「続編を書く」といったものが挙げられている。詳しくは次の通りだ（五八頁）。

①「桃太郎」を「鬼太郎」に変えて「鬼の視点から見たお話」に作りかえる。
②「浦島太郎」を「浦島太郎日記」にして心情をつづらせる。
③「浦島太郎」を「亀の視点からみたお話」に作りかえる。
④「浦島太郎」の設定を「山」に変えて「裏山太郎」。
⑤「浦島太郎」ならぬ、「浦島次郎」を作る。
⑥「浦島太郎」の宇宙版、「銀河浦島太郎」を作る。
⑦「浦島太郎」の続編を書く。→「おじいさんになってしまった浦島太郎はその後どうなったのか？！」ついに明かされる！浦島のその後！
⑧「浦島太郎」がもし女の人だったら？を書く。→「浦島子」
※通し番号は稿者による

このパターンは「桃太郎」や「浦島太郎」以外の昔話や物語でも使うことができる。例えば「かぐや姫」や外国の物語である「赤ずきん」「シンデレラ」といったものでも書き換えることが可能であろう。

(2) 一時間の流れ

森川氏はパロディー型の物語作文を行う際の流れを次のように提示している（五八頁―五九頁）。

1．パロディーをする旨とワークシートを配付する。
2．パロディーという言葉を説明し、全体で確認をする。
3．「浦島太郎」と「桃太郎」のあらすじを書いたプリントを配付し、黙読するよう指示する。
4．お話を作り変えることを知らせる。
5．書き換えることが可能な設定を確認する。
〈時、場所、人物、話、性格、性別、名前〉
6．パロディーの例を提示し、お話を読みあげる。
7．「浦島太郎」と「桃太郎」のどちらで書くかを選択させ、物語を書く。

⑶　小学校低学年で実践するために

本実践は先ほども述べたとおり、中高学年を対象として行われている。しかし、小学校低学年でも、「簡単なあらすじを書く」、「物語を日記風にする」、「物語のある一部分だけを書きなおす」、「続編を書く」といった内容であれば、短い時間（二時間程度）でも実践が可能ではないだろうか。

次に紹介する実践は、小学校低学年で実践された昔話を書き変えるパロディー型の物語作文だ。

三　「昔話合体」を中心に
――秋田大学附属小学校　中村玉緒実践（小学校二年）――

「お話のさくしゃになろう～つながりを考えて書こう～」という物語作文の実践は、物語の「はじめ」「中」「おわり」の中の「中」の部分のみを換えて書くものだ。「中」の部分だけを書き換えることで、児童の負担感を減らしつつも、「はじめ」と「おわり」という制限があることで、自然なお話の流れや文のつながりを考える力を身につけることができる。本実践では、昔話「ももたろう」をベースにして、物語作文が行われた。

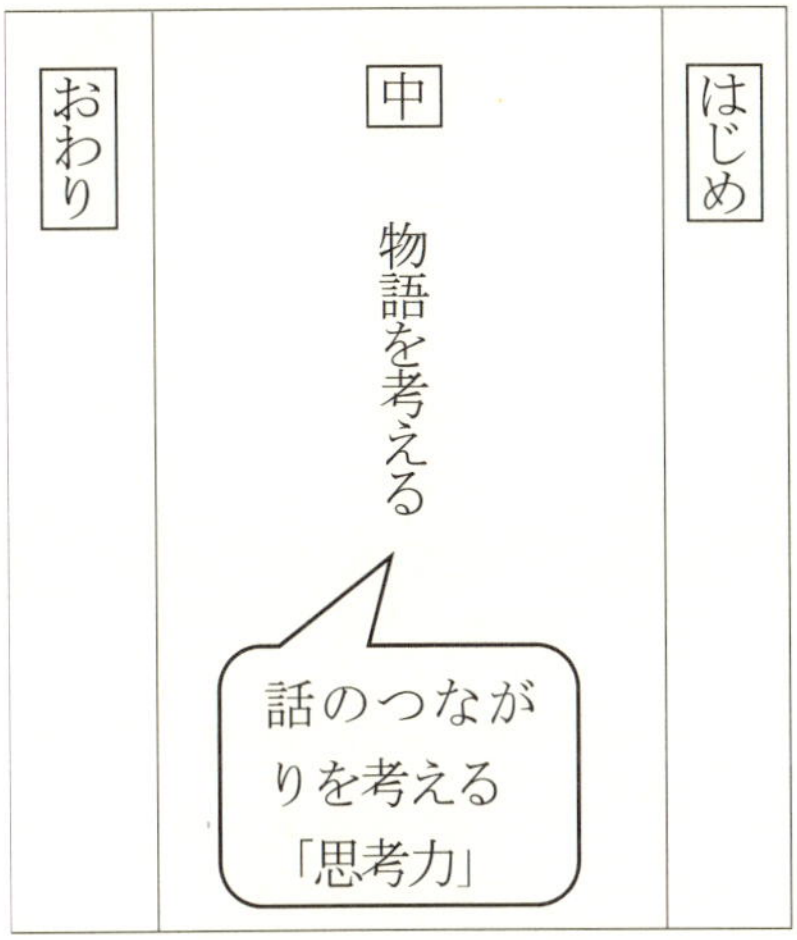

(1) 準備

物語の「中」の部分だけを変えるためには、さまざまなお話の型を児童たちが知る必要がある。そこで、本実践では次のような準備がされた。

・学級図書で昔話のコーナーを設置する。
・事前指導の中で、昔話の典型的な型を児童に発見してもらう。

> 児童が見つけたお話の型
> ①わるものたいじ　②ぼうけん　③ももで大当たり（出世・大成功）

さらに、児童が見つけたお話の型に加えて、昔話と昔話を合体させる型（合体型）とオリジナルも組み入れ、五つの型を選んで

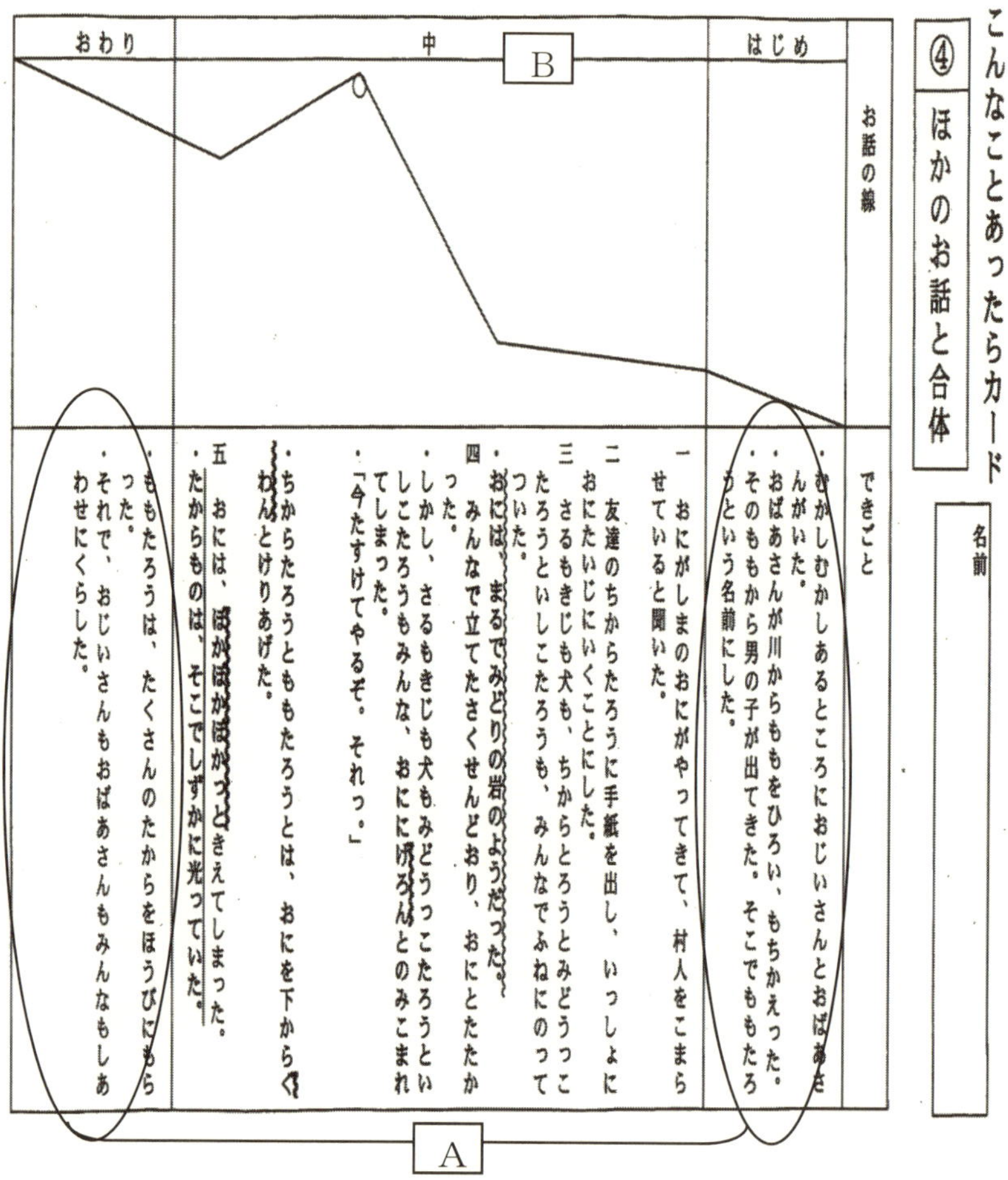

『こんなことあったらカード』

A　「はじめ」「おわり」で書く内容はあらかじめ教師側で決定し、統一する。

B　構造曲線を書き、最も盛り上がる部分が「クライマックス」であることを視覚化する。クライマックス部分の描写を濃く描くよう指導する。

児童が書くことになる。

（2）実践の全体

全八時間

一・二時間　お話の作者になるために、お話の例として昔話を読む。

・出来事の型として活用できるように、昔話の型を分類する。

①わるものたいじ　②ぼうけん　③ももで大当たり（出世・大成功）　④昔話を合体　⑤オリジナル

三時間　お話の型を選んで、「中」の出来事を考える。

・つながりを考えることができるように、お話の「はじめ」と「おわり」の絵と文章を提示して、「中」の出来事を選び、「こんなことあったらカード」にまとめるように指示する。

四・五時間　「中」の出来事を書く。

・構成を客観的に考えるために出来事の流れを確認できるシートを準備し、「対話」を通して考えをまとめられるよう助言する。　※四時間目の学習指導案については、次頁に掲載している。

六・七時間　書いたお話を読みなおし、正しく書きなおす。

・「はじめ」「中」「おわり」の構成や、文と文、語と語のつながりを考えられるようにお話全体の流れ、接続詞、主述の関係などについて確認するように指示する。

・正しく清書できるように、特に会話文のかぎ、句読点などに留意して読むように指示する。

八時間　書いた作品を読み合い、感想を伝える。

・言葉の使い方のよさ、出来事の設定の巧みさについてとらえられるように、基のお話との違いを考えるように助言する。

5 本時の実際 本時4／8

(1) ねらい

「こんなことあったらカード」を基に、前後のつながりを考えながら、描写表現を入れてお話の出来事を書くことができる。〈B－8・9・16・24・25〉

（2）展開

○：「対話」の機能を生かすための手立て

時間	学習活動	教師の支援 評価
5分	①学習課題を確認し、本時の学習の見通しをもつ。	・学習課題をとらえ、自分の書きたいことをイメージできるように、前時までに「こんなことあったらカード」を作成しておく。このカードには、お話（出来事）の型（Ⅰ悪者退治，Ⅱ冒険，Ⅲ桃を作って大当たり，Ⅳ他の昔話と合体，Ⅴその他）と、簡単な構造曲線を記入しておくようにする。
	学習課題 「こんなことあったらカード」を基に、つながりのあるどきどきする出来事を書こう。	
10分	②お話の型と出来事の流れについて話し合う。 **【仲間との対話】** **〈予想される子どもの反応〉** ・自分と同じお話の型だけれど、登場人物や道具が違うんだ。 ・違う流れもありそうだ。 ・「お話の山」にするためには、どう書いたらいいかな。	・自分が選んだお話の型に合っていて、出来事の流れがよいかどうかについて話し合いをしやすいように、選んだお話の型毎にグループを作っておく。 ○話し合いの際に、お話の型（Ⅰ～Ⅴ）と出来事の流れ、「はじめ」や「終わり」とのつながりを確認できるように、前時までの「こんなことあったらカード」で説明することを指示する。さらに、ここで得られた課題を生かして書くことができるように、「お話の山」の設定等について確認する場を設定する。
20分	③話し合いやカードの見直しを基に、出来事を書く。 **【自分との対話】**	・書き出しやつなぎ方、会話、地の文、オノマトペの入れ方など、書きすすめ方が分かるように、基本モデルを提示する。 ・書いている途中でもことばや文章を入れ替えできるように、分量の異なる罫線用紙を準備し、自分で選択しながら書くように指示する。 ・早くできた子どもには、お話がつながっているかどうか、3点セット（主人公が、どうして、どうなったか）に照らして「はじめ」から「終わり」まで通して読むように促す。
10分	④書いた「中」の出来事を、グループで紹介し合う。 **【仲間との会話】** **〈予想される子どもの反応〉** ・地の文で場面を変えられるんだ。 ・会話を短くしたほうが、様子も分かりやすい。 ・どのように「終わり」につなぐかな。もう一つ付け足すといいのかな。 ・同じお話の型を使っているのに、出来事の流れが違って面白い。	「こんなことあったらカード」を基に、前後のつながりをかんがえながら、描写表現（会話やオノマトペ等）を入れて、出来事をシートに書いている。〈B-8・9・16・24・25〉（シート、話し合い、発言） ・グループでの紹介の前に相互評価の指標になるように、作品のよさ（「お話の山」と描写表現の関連など）について1、2作品を取り上げて確認する。 ○つながりを確認するために、「こんなことあったらカード」に即して書いているかを互いに読み合うように指示する。また本時の学びを次時の学習に生かすために、先に取り上げた作品以外での会話や地の文、主述のつなぎ方のよさについても取り上げる。

四・五時間目の「中」の出来事を書く際には、ペアを作り、お話のだいたいのあらすじを簡単に口頭で伝えあうことで、その時間の見通しをもたせることや、自分の中での再確認を促すと良い。さらに、対話を通して、分かりにくい部分や「なぜ？」と思った部分を質問させ合い、物語を書く際に参考にさせると、話の流れに気をつけながら書くことができる。そうすることで、物語をより良くするために、自然と推敲するようになるのである。

また、小学校四年生の例であるが、完成させた昔話を仲間に「語り聞かせる」活動を取り入れた際には、自分の書いた物語に不足している点を付け足しながら語る場面が多く見られた。

つまり、対話や語り聞かせは、物語を捉え直し、推敲するために必要なのである。

(3) 完成した作品

実際に児童の書いた作品を分析してみると、今回の物語作文の五タイプ(わるものたいじ、ぼうけん、ももで大当たり、昔話を合体、オリジナル)の中で、「昔話を合体」が最も完成度の高い作品が多いことが分かった。話の流れに矛盾が少なく、描写や会話文が程よく取り入れられていることが多いのだ。また、情景描写が取り入れられていたり、会話文が充実していたりする傾向があり、分量も多く書くことができる。これは、他のお話に比べて二つ以上のお話を合体させることで、人物設定や話の流れが取り入れやすいためだ。

お話を合体させて、発想を豊かにするために大切なことは「自分自身がよく知っているお話」であること、「自分が好きなお話」であることだ。お話とお話を合体させる際には、偶然性を楽しむために次のようなカードを使うことも有効である。赤カードと青カードを裏返しにして児童たちが引き、お話同士を合体させて物語を作るものだ。よく知らないお話であれば、引き直すなどしてもよい。こうすることにより、物語の発想を膨らませることができる。

実際に児童の書いた作品を紹介する。(　)内はタイトルとお話の型を示している。

お話合体カード（赤）

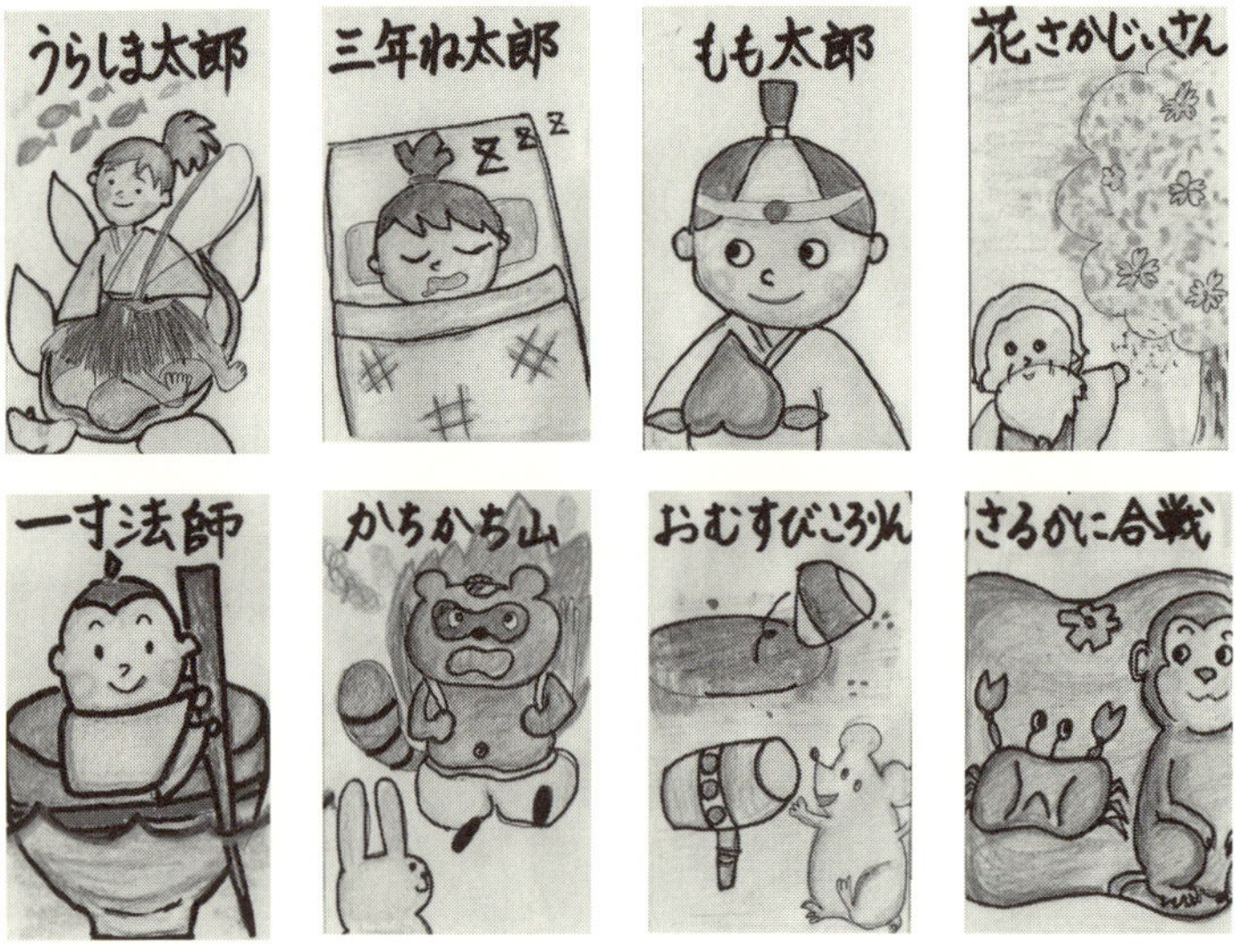

お話合体カード（青）

むかしむかしあるところにおじいさんとおばあさんがいた。おばあさんが川からももをひろい、もちかえった。そのももから男の子が出てきた。そこでももたろうという名前にした。

ある日、海であらわれたりきえたりするというたからじまにどんな、やまいもなおすたからがあるというわさがたった。

おとのさまは、おひめさまのびょうきがなかなかおらずこまっていた。たからをもってきたものには、ほうびをとらせるというおふれをした。ももたろうがちょうさへ出かけた。しまにつくと、たからが高くて大きな岩の上にあることをはっ見した。すると、風がヒューヒューふいてきた。ももをとるとしまがしずみはじめた。なみがざっぶんざっぶん。ぎりぎりでにげ出し、ももをもちかえった。

ひめにたべさせると、やまいはぱたりときえた。

ももたろうは、たくさんのたからをほうびにもらった。それで、おじいさんもおばあさんもみんなもしあわせにくらした。


（「かぜたろう」　ぼうけん）


むかしむかしあるところに、おじいさんとおばあさんがいました。おばあさんが、川からももをひろいもちかえりました。そのももから男の子が出てきました。そこでももたろうという名前にしました。

そんなももたろうが大きくなったある日。ももたろうがおにのいるところを見つけました。おにも、ももたろうに気づきました。そのうち、どんどんおにがふえていきました。おにがあまりに多くなってきて、ももたろうはびっくりしました。そしてどん、としりもちをつきました。

そのときです。近くにいた鳥がたすけに来てくれました。鳥も、ももたろうもせいいっぱいたたかいました。

鳥はおにをつつき、ももたろうはおにをなげとばし、力を合わせて戦いました。するとおにが、

「もう、かんべんしてくれ。」

と言いながら、にげていきました。

村の人はとてもあん心しました。

ももたろうと鳥は、たくさんのほうびをもらいました。


（「つよくなったももたろう」　わるものたいじ）

むかしむかしあるところに、おじいさんとおばあさんがいました。おばあさんは、川からももをひろい、もちかえりました。そのももから男の子が出てきました。そこでももたろうと言う（原文ママ）名前にしました。

ももたろうは、ごはんを一ぱいはべると、一ぱいぶんだけおおきくなり、二はいたべると二はいぶん大きくなりました。大きくなったももたろうは、夜かいぶつがむすめをおそいにくる村があると聞きました。そこでかいぶつたいじに行くことにきめました。

ある日、ももたろうは、朝早くからかいぶつたいじに行きました。ももたろうが外に出たとき、空がきゅうにまっくらになりました。ゴロゴロと音がなり、風がピューっとふきました。

ももたろうはかいぶつが来る村についたとたん、そのかいぶつがかかってきました。

ももたろうは、かいぶつにふんずけられてしまいました。ももたろうは、自分がもっていた刀で、かいぶつをはらいのけました。ももたろうは、またふんずけられてしまいました。

そこで、ももたろうは、自分の力をせいいっぱい出してかいぶつをはねのけました。

「これでどうだ。」

かいぶつは、ボーンと、とびました。

「たすけてくれ、もうしない。」

と、やくそくしました。

こうしてももたろうは、たくさんのお金、こめやらやさいなどを村人たちからもらいました。

そしておじいさんおばあさんみんなも、しあわせにくらしました。


（「ごはんわしわしももたろう」　力太郎と合体）

（４）実践の成果

今回の学習では「ももたろう」という昔話をベースにして「中」の部分の物語を書き換えることで、自分の書いた物語作文を見返し、つながりを意識したり、表現力を身につけたりすることができた。また、それだけではなく、「クライマックス」へ向けて描写を多くしたり濃くしたりすることが必要であると児童たちが気付くこともできたのである。「書くこと」だけに留まらず、「読むこと」の力もつけることができたといってもよいだろう。

さらに今回の実践では、次の二点が大きな成果だといえる。

一．昔話と昔話を合体させることで、児童が設定などを一から考える負担が減り、描写や表現、クライマックス、物語の自然なつながりを考える余裕が生まれる。また、文章の量も増加する。
二．物語を書く際には対話を用いることで、不自然な点に自ら気付いたり、客観的に物語を見直すきっかけになる。

効果的に物語と物語を合体させるためには、前述したとおり、児童たちが多くの物語や昔話を知っておく必要がある。たくさんの物語や昔話に触れることで、想像が広がり、楽しみながら書く力や読む力が身につく物語作文を行うことができるのだ。

四　最後に

ここまで、短時間でも実践可能な森川氏の二つの実践と、中村氏の八時間構成の一つの実践から、次のことが成果として挙げられる。

一．物語の構成やつながりを学習する物語作文では、物語同士を合体させるものが有効であること。
二．対話を用いることで、小学二年生でも客観的に物語を捉えることができること。

三　物語作文は短時間でも実践可能であること。

物語作文は、つながりや簡単な構成を考えることで思考力や表現力を身につけることができる。また、物語作文を行い、児童が物語の仕組みを捉えなおすことで、次に物語を「読む」時にも、描写や情景、心情に注意して読み進めることができたり、物語の構成についてより深い理解をすることができるだろう。つまり、物語作文によって「書く」力だけではなく、「読み」につながる力を身につけることが期待できるのだ。

しかし、それらの力は一回の授業で身につけることは難しい。短時間でも実践可能な物語作文を行い、そして中村氏の実践のようにある程度の時数をかけて行う授業をすることで、しっかりと身についていくものなのである。多くの物語作文の実践が計画的・重層的に行われることで、「書くこと」「読むこと」の力がともに身につくと考えられる。

文献

飯田夏季（二〇一五）『物語作文の指導法の研究』、平成二六年度秋田大学大学院教育学研究科修士論文
森川正樹（二〇〇八）『小1〜小6年　〝書く活動〟が10倍になる楽しい作文レシピ100例　驚異の結果を招くヒント集』、明治図書
横田経一郎編（一九九九）『別冊教育技術　1999　12月号　小一〜小六実践資料　短作文の技術を高めるコツ　作文を書くのが楽しくなる30のアイディア』、小学館

第三章　「見方・考え方」を広げる「場面絵の並び替え」の実践

成田　雅樹

一　学習指導要領との対応とふまえる指導系統試案

1　二〇一七（平成二九）年版学習指導要領における位置

平成二九年三月に学習指導要領の改訂案が示された。国語科の「2内容」〔思考力・判断力・表現力等〕は、従来のA・B・C三領域の指導事項にあたる。〔第3学年及び第4学年〕の「B書くこと」の（1）イ「書く内容の中心を明確にし、内容のまとまりで段落をつくったり、段落相互の関係に注意したりして、文章の構成を考えること。」や、（2）ウ「詩や物語をつくるなど、感じたことや想像したことを書く活動。」、〔知識及び技能〕（1）オ「様子や行動、気持ちや性格を表す語句の量を増し、話や文章の中で使うとともに、言葉には性質や役割による語句のまとまりがあることを理解し、語彙を豊かにすること。」、（2）ア「考えとそれを支える理由や事例、全体と中心など情報と情報との関係について理解すること。」が中学年の物語づくりの学習に関係すると判断できる（傍線部は稿者によるものとする。以降も同様）。

そこで、本節では「中心」を物語の「設定」あるいは「山場」と理解し、「段落相互の関係」「情報と情報との関

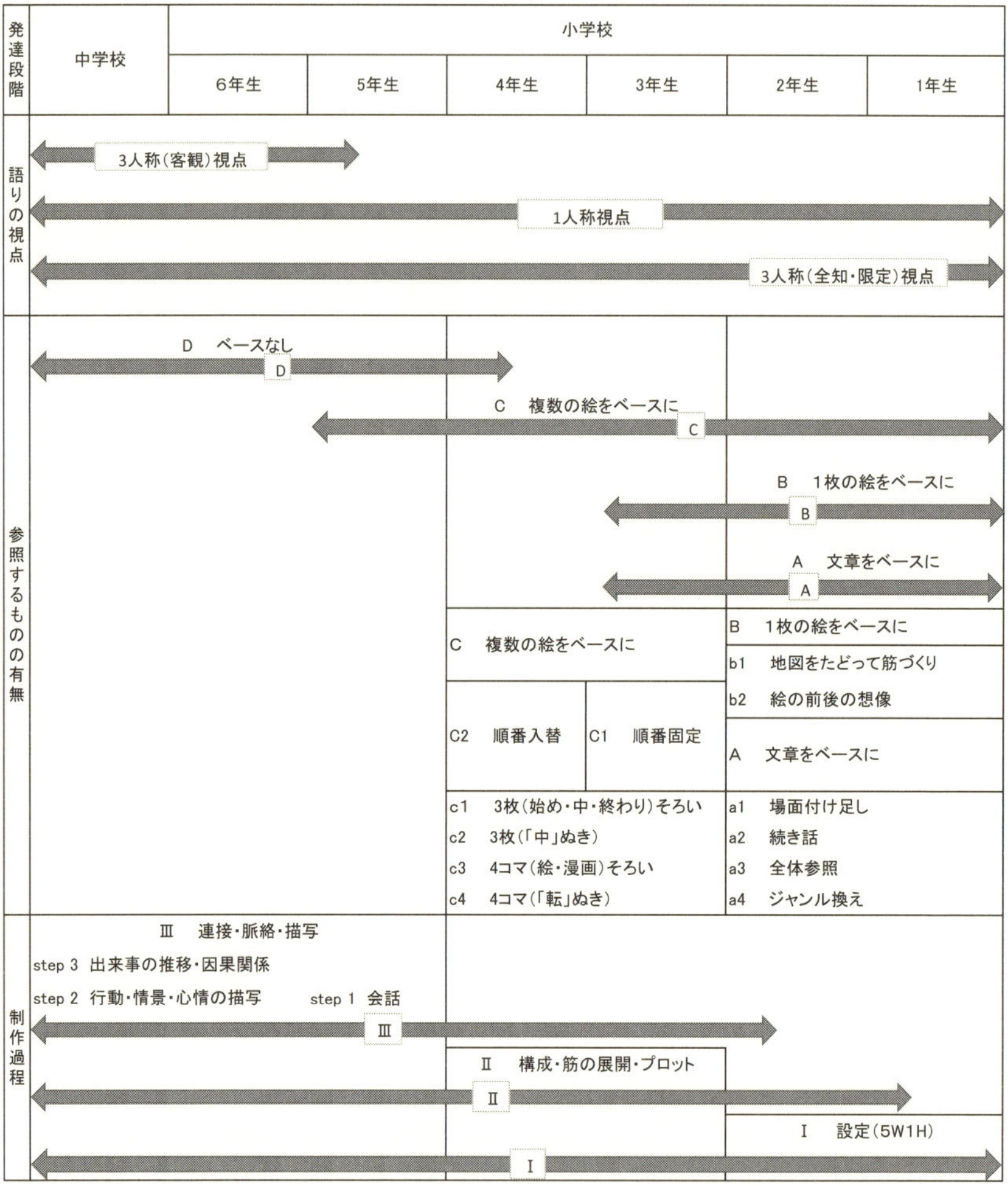
発達段階
中学校
小学校
6年生
5年生
4年生
3年生
2年生
1年生
語りの視点
3人称（客観）視点
1人称視点
3人称（全知・限定）視点
参照するものの有無
D　ベースなし
D
C　複数の絵をベースに
C
B　1枚の絵をベースに
B
A　文章をベースに
A
C　複数の絵をベースに
B　1枚の絵をベースに
b1　地図をたどって筋づくり
b2　絵の前後の想像
C2　順番入替
C1　順番固定
A　文章をベースに
c1　3枚（始め・中・終わり）そろい
c2　3枚（「中」ぬき）
c3　4コマ（絵・漫画）そろい
c4　4コマ（「転」ぬき）
a1　場面付け足し
a2　続き話
a3　全体参照
a4　ジャンル換え
制作過程
Ⅲ　連接・脈絡・描写
step 3 出来事の推移・因果関係
step 2 行動・情景・心情の描写
step 1 会話
Ⅲ
Ⅱ　構成・筋の展開・プロット
Ⅱ
Ⅰ　設定（5W1H）
Ⅰ

指導系統試案

係」を物語の「場面と場面の関係」及び「場面から場面への連接」「脈絡」「筋のつながり」「事件の因果関係」などと理解して、ある程度描写表現を含む物語をつくる指導のあり方を考えてみることにする。

2　本実践がふまえる指導系統試案

実践は、教師が自作した場面絵四枚を用意し、この絵の読み取りを踏まえて、四場面の物語を作るというものである。物語を大きく四部構成で創作するという点や、各場面を想像するための手がかりとして絵が提示されるという点で、従来も実践が試みられてきた「四コマ漫画」を活用した物語づくりと同じ発想である。

なお、本実践は七二頁のような指導系統試案（以下「試案」）に基づいている。

この試案は、教科書教材や先行実践をふまえて、視点・参照・制作過程と学年との関係を判断したものである。

Ａａ１・２…よく知られた昔話・童話の本文に、付け足しや独自の創作部分を施す。

Ａａ３・４…三～四つの連で構成された、時間や出来事の推移が読み取れる詩の本文をもとに創作する。

Ｂｂ１・２…一枚の絵をもとに想像して物語を作る。

Ｃ１…三～四つの場面絵を一定の順序で提示し、これをもとに想像した物語を創作する。

Ｃ２…班ごとに三～四つの場面絵を異なる順序で並べて創作した物語を交流する。＝本実践

Ｄ…ベースになる物語や絵を用いずに、全面的に物語を創作する。

二　試案と先行実践等との対応

1　二〇一六（平成二八）年発行の低・中学年教科書教材（一部）

ア　「おはなしのつづきをかこう」教育出版・一下

・知っているお話（「おおきなかぶ」など）の続きを書く。試案では（Ａａ２）である。

イ　「絵を見てお話を書こう」教育出版・二上

・登場人物を決め、三枚の絵をもとにお話を作る。試案では（Ｃ１）である。

ウ　「お話のさくしゃになろう」光村図書・二下

・「はじめ」、「おわり」にはそれぞれ絵があり、その絵にあわせて書いていく。

・「中」は空欄になっていて、どんなことが起こるかを想像して書く。試案の（Ｃｃ２）である。また、その場面の絵も描く。

・お話ができたら友達と交換して読み合い、面白いところや良かったところを見つける。

エ　「絵を見てお話をつくろう」東京書籍・二下

・くまとうさぎが登場する三枚の絵があり、吹き出しでくまとうさぎの台詞が書いてある。真ん中の絵の吹き出しだけ空欄になっている。試案では（Ｃ１）である。

・絵を見てどんな場面なのかを想像しながら、真ん中の絵の部分のお話を考えて書く。

オ　「人物を考えて書こう」東京書籍・三下

・四枚の絵をもとに、人物のようすが分かる物語を書く。試案では（Ｃ１）である。

光村図書「お話のさくしゃになろう」では、絵を提示するだけでは物語を作ることができないことに対応して、具体的なヒントを示している。すなわち試案の（Ⅰ）としての、「じんぶつの名前」「じんぶつがしたこと」「できごと（じけん）」「じんぶつが話したことば」（会話）「だいめい」などと、「中」の出来事として、試案の（Ⅲｓｔｅｐ３）を促す「人間に出会って、ポケットに入れられる。」「すべって池におちる。」「まほうの石を見つける。」などである。

内田伸子『子どもの文章　書くこと考えること』（東京大学出版会、一九九〇）に述べられている実験（絵を見せて物語を考えさせる際に、主人公がどんな目標を持って行動するかについて教示を与えるか否かの比較）では、教示有りの群は、主人公がカエルを探し回るという物語の内容が一貫しているのに対し、教示無しの群は、その場面の様子説明を羅列するだけであった。物語に一貫した筋を通して、場面と場面のつながりがある作品を作るためには、絵を示すだけでなく、物語全体を俯瞰して考え、最終場面を予定して書けるように支援することが大切である。

東京書籍「人物を考えて書こう」では、四枚の絵が①～④の番号付きで示され、「だれが何をしているところか」「どんな人物が出てきて、どんな出来事が起きている」かを想像することになる。やはり、試案の（Ⅰ、Ⅱ、Ⅲ）の支援がある。順序が決められた四枚が提示されることは、物語の始めから終わりまでの筋にヒントが与えられているると見ることもできるが、絵と絵の順番に自然な推移や因果関係を構築しなければならないという思考上の制約があり、より難しいと見ることもできる。

この教材では、「人物メモ」と称して、「だれ」「どんな人」を想像して書く活動が示されている。具体的には　名前、性格、すきなもの・こと、などである。これは試案の（Ⅰ）「設定」の中の「人物像の設定」ということになる。また、四枚の絵の順序に即して出来事が展開するイメージをつくる。これは試案の（Ⅱ）である。教科書では次に、具体的な表現として重要な「描写」について、児童作品例で人物どうしの会話が例示されている。これは試案の（Ⅲ）

である。物語ができた後の交流でも、絵から分かる（想像できる）場所で、設定した性格の人物が、どんな理由や成り行きで何をするか、その理由や行動・言動は設定した性格に合っているか、などについて、意識化が図られている。

2　先行実践

ア　佐渡島ら監修、青山ら編集（二〇一三）『光村の国語　みんなが書ける！あつめて、まとめて、書く技術②　手紙を書く　報告文を書く　新聞を作る　物語を書く』

ここには、児童作品例から四年生を想定した指導法が示されていると判断できる。冒頭には「登場人物・時・場所・出来事などの設定を決め、それを生かすような効果的な組み立てを考えて、物語を書きます。」とある。これは試案の（Ⅰ）である。その後も、「物語の組み立てを決める」「語り手と書き出しを考える」「物語を書く」になっている。およそ試案の（Ⅰ、Ⅱ、Ⅲ）の順である。

（Ⅰ）については、温かい気持ちになる話、わくわくするぼうけんの話など「物語全体のイメージ」や、「読む人に伝えたいこと」を踏まえて、より細かい設定を考えるよう促されている。具体的には、「人物マッピング」という方法で、登場人物の性格・年齢・特技・外見などを考えるように促している。

（Ⅱ）については、「はじまり」「出来事（事件）が起きる」「出来事（事件）が変化する」「結び」や、「現在」「過去」「現在」の2例が示されている。

（Ⅲ）については、登場人物の語り手と、それ以外の第三者の語り手が紹介されており、児童作品例で語り手を変えた物語の例示がある。また、三パターンの書き出し例が示されている。

児童作品には、頭注が付けられており、同一動作の表現バリエーション（見る・にらみつける・ながめるなど）や、比喩、情景描写、会話、倒置、省略の工夫が促されている。

ベースにする昔話・童話などの文章、場面絵などは示されていない。試案では四年生以上に相当し、（D）のベース無しの指導の際に、留意すべき点がよく分かる実践である。

イ　青木幹勇（一九九六）『子どもが甦る詩と作文　自由な想像＝虚構＝表現』

明治以来の日本の作文指導は、生活経験の実態をリアルに書くことを通してきたが、子どもたちが読む対象にはフィクションが多く提供され、好んで読まれている。にもかかわらず、子どもの作文指導はフィクションにノータッチだった、と青木は述べている。こうした国語教育の推移の過程で、青木は一九六八年の『書きながら読む』に始まる「表現と理解の一体化」に取り組んできたと述べている（「はじめに」）。本書に示した実践は、「物語を読んで物語を書く」学習（Ⅳ章）であるという。他にも、「漫画をネタにフィクションを書く」学習（Ⅴ章）、「短歌を読んで物語を書く（短歌を物語に書き替える）」学習（Ⅵ章）などがある。総じて、「物語を読んで触発されたイメージを自由に描く学習」と言ってよい。その意味で本書に見られる実践は、「ベースになるテクストがある」物語創作であり、試案の（A）に当たる。「読む（理解）→書く（表現）」という順序・方向の「読み書き関連指導」であったと見ることができる。Ⅱ章（二七頁）において青木は、「既成の作品を手がかりにすることは、有効な手段です。手がかりのないところから、この種の作文への導入は困難です。」と述べている。物語創作になれていない低学年には欠かせない導入指導である。

また、Ⅱ章（二七頁）には、「子どもの作品が、模倣に堕ちていくことはないかという懸念がありました。しかし（中略）独自な発想、多くは意表に出る作品をみせてくれました。」と述べている。これは、手がかりになる作品による「虚構作文」が、十分に創造性を発揮するものであることの主張である。Ⅱ章（三八頁）には、生活経験の一コマをフィクション化する方法が紹介されている。これは、いわゆる生活実態のリアルな表現を、虚構化するという点で、相反するもののようにとらえられてきた「生活経験のリアルな文章」と「フィクション」を関連づけ、比較し、双方の特徴をいっそうはっきりと認識する指導という点で興味深い。

生活経験のフィクション化は、生活経験の表現（一人称視点）→フィクション（内容が自分自身のことになるので三人称全知または限定視点の物語＝自己客観視）→フィクション（一人称視点の物語）→フィクション（三人称客観視点の物語）→生活経験の表現（三人称視点）という指導系統が想定できる。試案の「語りの視点」と合致している。

筆者が二〇一五（平成二六）年度に秋田大学大学院教育学研究科修士課程で指導した飯田夏季の調査によると、小学校から中学校までの九年間の読み教材（物語）の視点は、おおむね「三人称全知→一人称→三人称限定・客観」のように推移していることがわかっている。

ところで青木は、Ⅰ章（二五頁）に、二年生の佐伯宏君が「かさじぞう」を読んで、吹雪の中をおじいさんが家に帰る場面を書いたことについて、「佐伯君の書いている部分はほとんどフィクションです。（中略）まんざら架空の思いつきで書いたのではないでしょう。（中略）フィクションの背後に、彼等の家庭つまり、生活の現実があるからなのです。」と述べている。これは、生活実態のリアルな表現の作文指導に期待する効果が、「虚構作文」においても可能であることを示すものであり、依然として十分に理解されていない「虚構作文」の教育的意義・学習価値の一端を明らかにするものであろう。

ウ　横田経一郎編（一九九九）「中学年の短作文1　4コマまんが作文」

この実践例は、起承転結の四コマまんがの吹き出しを消して提示し、絵を手がかりに「どんなせりふが入れば、おもしろくなるか、書き入れてみましょう。」と指示している。「事柄ごとの区切りや中心を選び整理してから書くこと。」「事柄と事柄との続き方を考えながら、語と語や文と文との続き方に注意して文章を書くこと。」をねらいとしている。まず、四枚の絵から場面の状況とその中での出来事の移り変わりを考えて、吹き出しのせりふ（人物どうしの会話）だけを書き入れる。試案では（Ⅲのｓｔｅｐ１）である。その上で、場面の状況や出来事の推移も言葉にする。試案では（Ⅲのｓｔｅｐ２・３）である。そして、起承転結の順番が決められた四枚の絵をもとに、一枚一場面の物語を作ることになる。これは試案（Ｃ１）である。

ポイントは四コマ目の絵で、男の子が浴槽の中でずぶぬれになっている状況を押さえて、一～三コマ目にその原因・理由が述べられるように考えることである。試案の（Ⅲのｓｔｅｐ３）である。ポイントにあう三人称全知視点の作品例が二つ示されている。順序が決まった複数の絵（四コマまんが）をベースにする方法であり、「人物どうしの会話」が場面描写の中心である点で、東京書籍三下「人物を考えて書こう」と同レベルである。試案では（Ｃ１）である。

エ　白石寿文・桜井直男編（一九八六）『小学校作文の授業　練習学習と書くことを楽しむ学習』

本書は書名にあるとおり、練習学習と書くことを楽しむ学習の二本立てで事例が紹介されている。まず、一七六―一八一頁の低学年の「練習学習」の事例を見る。中心的な技能は「会話」である。試案では（Ⅲのｓｔｅｐ１）である。はじめに「たぬきのぽんきち」が登場する短い物語が二例（会話がある例とない例）示され、会話があると物語がおもしろくなることが確認され、会話が学習のねらいになる。その後、家族と見られる八人が家の庭で記念写真を撮っているらしい絵一枚と、その絵に合わせた文章（会話部分が白抜きになっている、撮影する「ぼく」の一人称視点の文章）が提示される。一枚の絵を提示するのは試案では（Ｂｂ２）である。一人称視点は中学年以降を想定しているが低学年でも可能である。一枚の絵で一場面を創作すること、会話以外に描写が要求されていないことから考えて、低学年相当である。

また、「書くことを楽しむ学習」では、「漫画を読んで書く」事例が六つ紹介されている。漫画はすべて四コマであるが、物語にする事例は三つだけで、他は「主人公あて・作者あての文章」「意見文」である。物語にする事例の一つは、吹き出しも示された四コマ漫画通りに文章化するものである。試案では（C１）である。他の一つは、吹き出しのない四コマの絵を、順番を入れ替えてから文章化するものである。試案では（C２）である。もう一つは、吹き出しを想像して文章化するものである。いずれの事例も六年生の作品例が示されているが、前出の横田経一郎実践との類似性も考慮すると、中学年でも可能な学習である。

三　「見方・考え方」を広げる「場面絵の並び替え」の授業

1　四枚の絵とその順序の四パターン案

ここまで見てきたような指導の系統をふまえて、「一」の「2」で概要を述べた中学年の実践の詳細を紹介する。これは、筆者が二〇一六（平成二七）年度に指導した秋田大学教育文化学部の卒業研究の一環として、当時の学部四年生であった今井萌子が取り組んだものである。

今井は、自作の絵を次頁、次々頁のように四パターンの順序にして用意した。これを班ごとに一人が一場面ずつ担当してリレーしながら物語を作るという授業であった。授業は八三頁の指導計画のように二時間で行われた。

A

①猫がいつまで経っても起きない。犬は猫と一緒に遊びたいのに困っている。→②犬が無理やり猫を引っ張って外に連れ出した。猫は寒そうに身体を縮こませている。→③犬と猫が一緒に雪だるまを作り、ふたりとも楽しそうにしている。→④外で遊ぶ楽しさを知り、猫の機嫌がよくなる。

B

①猫が大きな雪だるまを作り、自慢気に犬に見せびらかしている。→②しかしそれは夢の中の出来事だった。犬は寝ている猫を見て呆れている。→③猫が目を覚まし、夢で作ったように雪だるまを作りに行こうと犬に提案する。→④実際に外に出てみるととても寒いので猫は帰りたくなってしまった。

C

①猫が「雪だるまを作ったから見て欲しい」と犬を誘う。→②犬が猫についていくと、大きな雪だるまがあった。犬は感心した。→③自分も負けないくらい雪だるまを作るろうと犬は張り切って猫を引っ張るが、猫はもう疲れていたので嫌そうにしている。→④結局猫は帰ってしまい、家の布団でぐっすり寝てしまった。

D

①犬が猫を無理やり引っ張っている。寒いので猫は嫌そうにしている。→②猫が突然、雪だるまを作ろうと提案する。→③猫と犬は一緒に大きな雪だるまを作った。猫は得意気になっている。→④猫は疲れてしまったのですぐに家に帰って寝てしまった。犬はまだ遊び足りないので困ってしまった。

2　全二時間の展開

○一時間目…絵から情報を読み取り、内容を考えて文章を書くことができる。

時	学習活動	教師の支援・評価
⑤	1　学習課題を確認する。	
	四つの絵を見て、リレーしながら物語をつくろう	
⑤	2　物語文の構成などを確認する。	○既習の内容を例にして考えさせる。（スイミーなど）
⑩	3　絵を読み取ってメモする。	○それぞれの絵について、想像できることも考えさせる。
⑳	4　リレーしながら物語を書く。	○順序が異なる四種類のプリントを配る。
⑤	5　本時のふりかえりをし、次時の見通しをもつ。	評価…絵の順序を意識しながら、担当場面を書いている。（シート）

○二時間目…リレー作文を完成し、読みあっておもしろさに気づくことができる。

時	学習活動	教師の支援・評価
⑤	1　学習課題を確認する。	○四パターンすべての例を用意して、児童にヒントを出す。
	完成した物語を読み合い、おもしろさを見つけよう	
⑳	2　前時の続きを書く。	
⑮	3　全体で物語を交流する。	○別の順序の話を聞いて、どう変わっているか考えさせる。
⑤	4　ふりかえり。	評価…お話を読み合い、個人で書くときとの違いや、順序を変えることで生じるおもしろさに気付いている。（発表・シート）

3　授業の様子（部分）

ア　一時間目（学習活動1〜2へ）物語文の構成と特徴の理解

T　お話をリレーをするので、役割分担をしないといけませんね。そのために、お話のまとまりを考えます。お話のまとまりってどういうのでしたか?
C　三つのまとまりがあって、「はじめ」と「中」と「おわり」です。
〈はじめ〉
T　まず「はじめ」ってどういうふうに書いていけばいい?　お話の書き出しのことなんだけど……。どんなことが書かれてる、はじめって。
C　自己紹介みたいな……
T　どうみんな?　同じだなと思った人?　うん、結構いる。自己紹介、そうだね。（板書『じこしょうかい』）じゃあ、昔話の始まりってどんなふうになってる?
C　「むかしむかしあるところに……」
T　そうそう。（板書『あるところに〜がいました』）
〈中〉

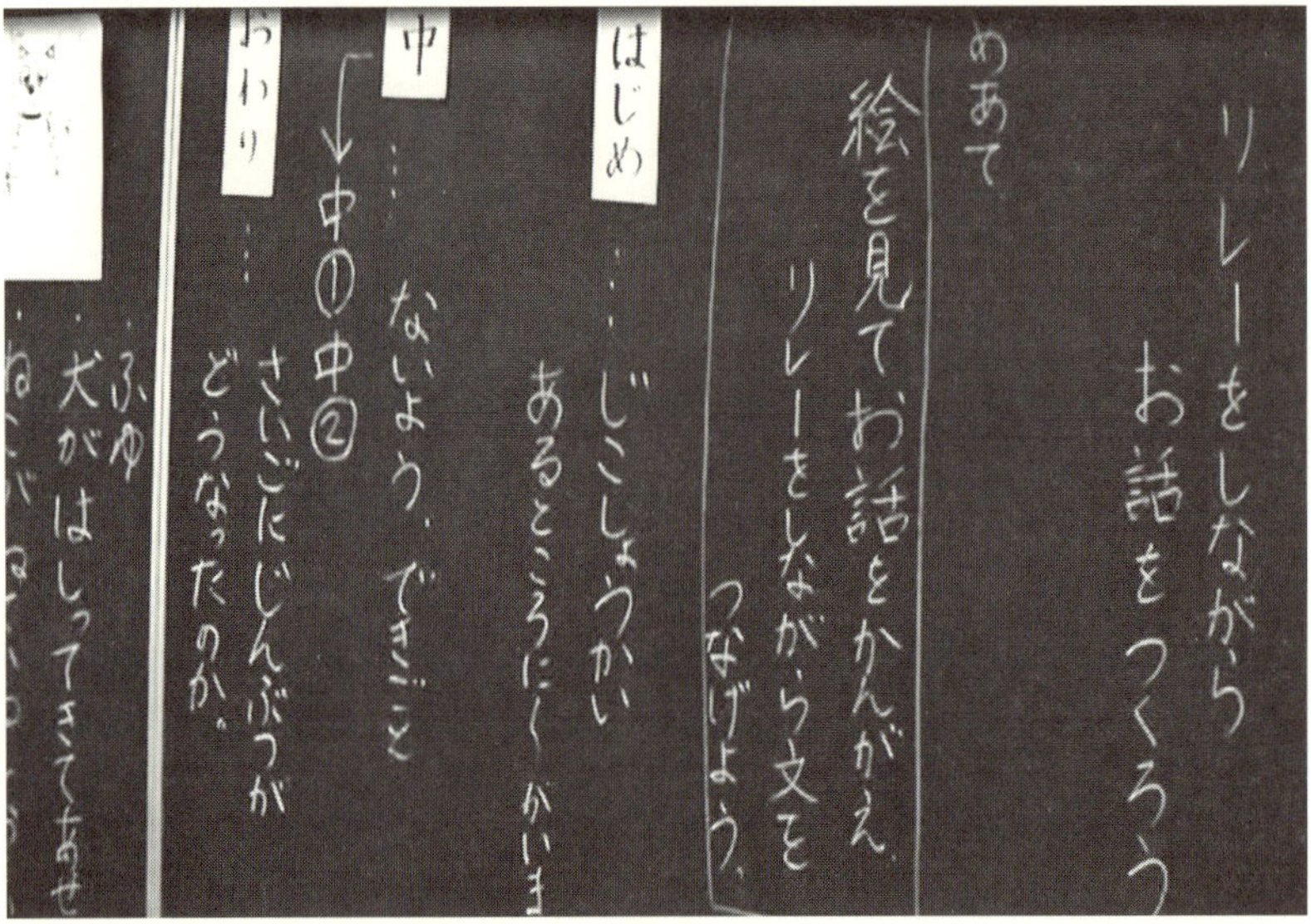

T　じゃあ次、「中」に行こうかな。中ってどういうことを書けば　いいのかな。はい、お願いします。
C　できごと。
T　うんうん、できごと。同じ人？　できごとだね。（板書『ないよう、できごと』）また後でくわしく考えましょう。
〈おわり〉
T　はい、じゃあ最後おわり。
C　できごとがあって、どんなことになったのか。
T　うんうん、出来事があってどういう結果になったのかってことだよね。みんなオッケー？　大丈夫？「中」の出来事が起こって、最後どうなったのかだね。（板書『さいごにじんぶつがどうなったのか。』）
T　みなさんにはリレーをしてもらうんですけども、四人一組になってリレーをしてもらうので、これだと三つで数が合わないよね。「中」を二つに増やします。（板書『中①中②』）

イ　一時間目（**学習活動3**）**絵の読み取りとメモ**

T　絵（一枚目）を見せたいと思います。はい、何と何ですか？
C　猫と犬。
T　猫と犬ですね。（イラストを黒板に貼る）
T　この絵からどんなことが読み取れますか、どんなことが想像できますか？　今からこのプリントを配りますので、絵から考えられること、読み取れるということを書いてもらいたいと思います。（プリントを配る）
T　じゃあ少し説明しますね。書く時のポイント、四つあります。一つめ、この絵は「いつのこと？」。二つめ、この絵は「場所どこ？」。三つめ、「誰が何をしているの？」。四つめ、「それでどうなったんだろう？」。いつ、どこで、誰が、何をどうしたんだろうということを書いてもらおうと思います。いいですか？　例えば、「犬が困っ

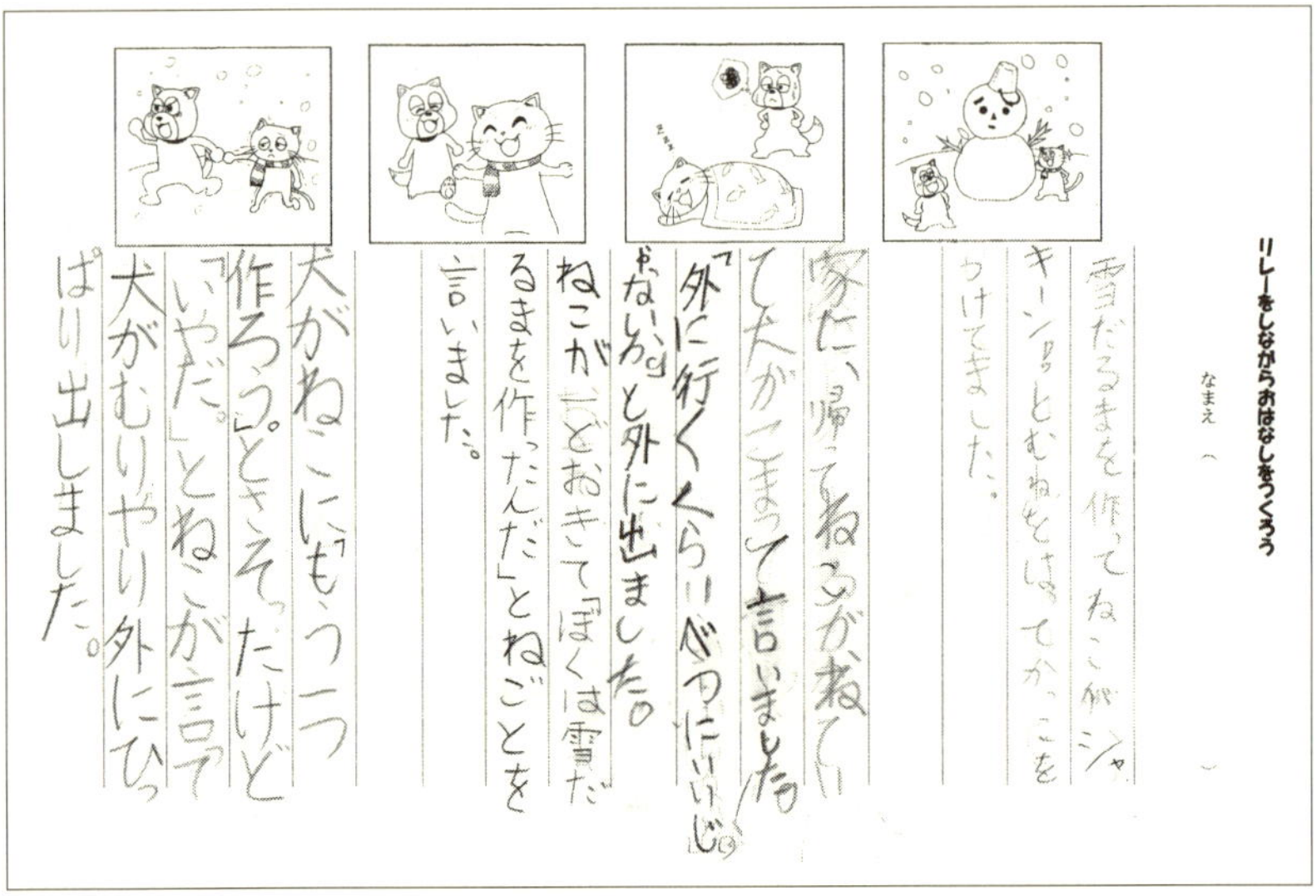

ている」「猫が寝ている」というふうに書いてください。

（机間指導）

T　これは誰と誰がどんなことをしている場面かな？

C　二人で雪だるまを作っている。

T　うんうん、そういうことを書くといいんだよ。

C　犬は頑張ったのに、猫は寝ている。

T　頑張ったって何を？　走ってきたの？

C　汗が出ているから。

T　ああ、汗が出ているね。「犬が頑張ってはしってきた。」でいい？（板書『・犬がはしってきてあせ・ねこがねている』）

ウ　２時間目（学習活動３）作ったお話の発表（三班のＢパターンの発表の様子）

C①　発表してもいいですか。「雪だるまを作ってねこがシャキーン！　とむねをはってかっこをつけてました。」

C②　「家に、帰ってねこが、ねていて犬がこまって言いました。『外に行くくらいべつにいいじゃないか。』と外に出ました。」

C③　「ねこが一どおきて『ぼくは雪だるまを作ったんだ』とねごとを言いました。

C④　「犬がねこに『もう一つ作ろう。』とさそったけど『いやだ。』とねこが言って犬がむりやり外にひっぱり出しました。」
T　はい、じゃあ今の発表を聞いて、感想。はい、お願いします。
C　とても声がハキハキしていて、聞きやすかったです。
C　かわいいと思った所。
T　かわいいと思った？　どこ？　教えて？
C　ええと、ねこが雪だるまを作ったと寝言を言っている所がかわいいなと思いました。
C　最初に出てきた「シャキーン」って音がよかった。
T　「シャキーン」って音、みんな聞き取ってましたか？　その音があってとても良かったねということでした。

4　まとめ

本授業では、各班の物語を紹介し合うことで、同じ絵でも順番が変わると異なる場面として表現できることに気付き、「見方・考え方」を広げることができた。また、班の中で場面をリレーする際に、先行場面のアイディアに接したことや、担当場面を友だちと相談しながら書いたことで、「見方・考え方」を広げることができた。

このように、学習の過程において対話・交流する「読み書き関連学習」を、大内善一は「双方向型作文学習」[13]と呼んでいる。

新しい教育課程では、対話・交流の活動がますます重要になっている。

文献

「絵を見てお話を書こう」教育出版（二〇一六）二上、一一六頁
「絵を見てお話をつくろう」東京書籍（二〇一六）二下、二四頁
「お話のさくしゃになろう」光村図書（二〇一六）二下、二八頁
「おはなしのつづきをかこう」教育出版（二〇一六）一下、四四頁
「人物を考えて書こう」東京書籍（二〇一六）三下、二六頁
青木幹勇（一九九六）『子どもが甦る詩と作文　自由な想像＝虚構＝表現』、国土社
飯田夏季（二〇一五）『物語作文の指導法の研究』、平成二六年度秋田大学大学院教育学研究科修士論文、一五―二〇頁
今井萌子（二〇一五）『小学校低学年段階における双方向型リレー作文指導』、平成二七年度秋田大学教育文化学部卒業論文、三五―八九頁
内田伸子（一九九〇）『子どもの文章　書くこと考えること』、東京大学出版会、五三―五九頁
大内善一（二〇〇二）『「伝え合う力」を育てる双方向型作文学習の創造』、明治図書
佐渡島沙織、高木まさき、森山卓郎監修、青山由紀、岸馨編集（二〇一三）「活動５「物語を書く」」、『光村の国語　みんなが書ける！あつめて、まとめて、書く技術②手紙を書く　報告文を書く　新聞を作る　物語を書く』、光村教育図書株式会社、五四―六一頁
白石寿文、桜井直男編（一九八六）『小学校作文の授業　練習学習と書くことを楽しむ学習』、教育出版センター
横田経一郎（一九九九）「中学年の短作文１　４コマまんが作文」、横田経一郎編『別冊教育技術　1999　12月号　小一～小六実践資料短作文の技術を高めるコツ　作文を書くのが楽しくなる30のアイディア』、小学館、四八―五一頁

第四章　書き換えによる「物語づくり」の指導

佐藤　明宏

一　書き換えによる「物語づくり」の指導の考え方

国語学習における「書き換え」ということを理論的に提起・整理し、実践提案したのが、大内善一代表による秋田県のグループと府川源一郎・高木まさき代表による長編の会のグループである。

大内善一は次のように述べている。

「書き足し」「書き替え」という〈書く活動〉を国語科授業に活用することは決して珍しいことではない。近年よく見受けられる実践事例に次のようなものがある。

A　物語の文脈から想像して登場人物の独話・対話を書き足す（「吹き出し」の方法をとることが多い）＝登場人物の気持ちを積極的に想像することによって読みを深め・広げさせる目的から活用する。

B　物語の続き話を書く＝読みの学習の成果を生かして創造的思考を鍛えるために活用する。

C　物語の一場面あるいは全編を通して児童が登場人物になりかわってストーリーをなぞる（いわゆる「変身作文」の方法）＝登場人物になりかわることによって、楽しみながら読みを深め拡げさせ、創造の喜びを味わわせるために活用する。

A・Bが「書き足し」であり、Cが「書き替え」である。（大内善一、一九九六、五頁）

大内は、このように「既存の物語教材」をもとにした書く活動を「書き足し」と「書き替え」と区別している。この大内の区別はおそらく「書き足し」は、既存の物語に加えて書き手としての児童の表現が加わることになり、トータルとしての作品の文字数は文字が足されることで増えることになるのに対して、「書き替え」は原作の物語を別の視点で書き替えるので、新しい作品のトータルの文字数はあまり変化無く、作品自体が置き替わったことになるので「書き替え」と読んで区別しているのだと考えられる。

一方、高木まさきは「書き換え学習」について次のように述べている。

「書き換え」とは、一般的には「すでに存在する文章を、ある目的などに従って、書き改めること」を意味します。こうした「書き換え」は、これまでも教材文の読みを深めたり確認したりする目的で、しばしば国語の学習にも取り入れられてきました。たとえば登場人物の心情をより詳しく書き表してみたり、続き話を書いてみたり、物語を脚本にしてみたり、あるいは物語や説明文をあらすじや要約文にまとめたりすることなどがそれに当たるでしょう。

これに対し、本書にまとめた私たちの実践では、「書き換え」を単に方法として診るのではなく、書いたり書き換えたりする過程で生じる書き手の認識の変容をも一種の「書き換え」ととらえ、それをいかに促すかという方法的な面と、それがどう「書き換え」られたかという質的な面とに着目しながら、研究を積み重ねてきました。

そうした本書における「書き換え学習」の基本的な立場を簡単に整理すると以下の二点に集約されます。

1．学習の成果として得られる認識の変容は、既有の認識の一種の「書き換え」とみなすことができる。

2．この認識の「書き換え」は、通常の読書などでも引き起こされるが、より効果的かつ学び手に自覚的に行わせるためには、所与のテキストを何らかのテキストを参照しつつ「書き換える」ことが有効である。

（府川源一郎・高木まさき編、二〇〇四、一頁）

高木の論で特徴的なのは、彼らは「書き換え学習」を行った子どもの認識の変容も「書き換え」と呼んでいることとかれらが言っているのは「書き換え作文」ではなく、国語に関わるもっと広い範囲での「書き換え」学習をねらっているということである。佐藤の立場は府川らの考え方と近いものになるが、高木等は「書き換え学習」を「作文」だけに限らず広い意味で使っている。たとえば府川は先の著書で「書き換え作品の変遷をたどる学習」も「書き換え学習」と呼んでいる。桃太郎などの伝説は時代に合わせてその時代の為政者に都合のいいように書き換えられてきたプロセスがありそれを学習するのもそれなりに面白いが、それは作文の範囲を超えている。また府川等の提案する絵文字づくりや新漢字づくりなども書き換えによる認識変化を生む国語学習になりうるがそれも作文では無く言語事項の学習になる。本著書のタイトルが『「物語づくり」学習の指導―実践史をふまえて―』ということなので、作文領域に絞ることとする。

そこで佐藤が取り上げるのは「既存のテキストを書き換えて物語を作る学習」である。それを「書き換え物語づくり」とし、以下でこの「書き換え物語づくり」の先行事例を紹介、解説していくことにする。

二　書き換え物語づくりの授業実践

この「書き換え物語づくり」の実践の目標は大きく「Aテキストの理解のために行う」場合と「Bテキストは素材であって、物語づくりという作文力を伸ばすために行う」場合の二つがある。このABどちらの立場もありうるのであるが、また理解のために物語を作らせても、理解力だけで無く、副次的に表現力が育つし、その逆に表現のためにさせても読むという活動がある以上、なんらかの理解力は育つ。そういう点でどちらの立場をとっても読み書き関連指導になるが、その比重の置き方が違うのである。これも実践をみていく際のスケールとしたい。

ただ、今回佐藤が担当したのは「書き換え物語づくり」の中学年である。中学年は、読みの発達段階から言って、文学の同化体験だけでなく、対象化などの客観的な読み方ができるようになる学年であり、そういう点から言って、「書き換え物語づくり」は中学年の子どもの興味・関心を引きつける学習になりうると考えられる。ただ、先行実践からみると小学校低学年でも、高学年でも、中学校でも高等学校でも「書き換え物語づくり」はされているので、実践例は中学年のみに絞らず広い範囲で紹介する。佐藤の「書き換え物語づくり」の分類は以下のようになる。

Ⅰ　続き話づくり
Ⅱ　新しい場面や事物の挿入
Ⅲ　翻案
Ⅳ　ジャンルの転換

V　物語と物語の組み合わせ

このそれぞれについて以下、紹介・解説していく。

1　続き話づくり

続き話とは、物語が終わってもその後を書き綴る話である。教科書に出てくる物語にはすべて起承転結があり、結で完結している。「ごんぎつね」は兵十に鉄砲で撃たれて終わるし、「かさこじぞう」はお地蔵様からの正月の食べ物が届けられた朝で終わる。しかし、物語がそこで終わったとしても、「ごんぎつね」で生き残った兵十がその後、嘉助に栗や松茸を届けてくれたのは実は神様ではなかったということをどのように伝えていくだろうかとか、「かさこじぞう」で楽しい正月を終えたおじいさんとおばあさんがその後、お地蔵さんたちにお礼を言いに出かけていった話とか、事後の話はいくらでも続けることできる。そのためこの「続き話づくり」はかなり子どもの創造力を刺激する物語づくりの学習となる。

○　**山崎馨（一九七八）『想像から創造へ――人間的ゆたかさの教育――』**

山崎馨は本著書で、子どもたちに物語を作らせてきた日々の実践記録を報告し、合わせて子どもが実際に書いた文章を紹介している。「続き話づくり」の実践については次のように述べられている。

私は、いい物語教材の学習や感動的な物語の読み聞かせが終わったような時など、「さあ、このお話は、あとどうなるだろうな。この続きを考えてみようか」と持ちかける。子どもたちは、いつも「感想文」を要求されてばかりいると、物語を読む楽しさは半減されてしまうが、感動し、心の中に場面なり情景なりが残っている時に、「つづきを書いてみようか」と言われると、大した抵抗もなく、「よし、書くぞ」という気持ちになる。低学年や、三・四年ぐらいまでの子どもはとくにそうだ。

（山崎馨、一九七八、八三頁）

そして、山崎は同著書で、『夕づる』と『小鬼がくる日』のつづき話として書いた三年生三学期の子どもの作品を紹介している。山崎は学級担任としての日々の読書指導の中での子どもたちとの関わり合いを大事にしているが、この実践記録に「この続きを考えてみようか。」以上の具体的な指導は掲載されていない。

○　**池田圭伊子**（一九八八）「**続き創作への発展を配慮した指導過程の工夫**」、（九六—一〇一頁）

池田圭伊子は、六年生に物語教材「野の馬」の続き話を書かせる実践を発表している。池田のこの実践の特色は続き話を書かせるための単元化にある。池田は、子どもたちに続き話を書こうと呼びかけるだけではなくて実際に子どもたちがその続き話を構想して書けるようになるために、次のような一〇時間の単元を構想し、計画的に読みを進めている。

〈一次〉全文を通読して、初発の感想をもとに読みの視点を決める……三時間（続き創作への意欲を喚起する）
〈二次〉読みの視点に沿って、場面ごとに読み深める……四時間（作品の思想・文体に触れる）
〈三次〉読みをまとめ、感想文や朗読に表現する……二時間（書く視点を作る）
〈四次〉物語の続きを創作する（発展）……一時間（読みを生かして物語の続きを創作する）

すなわち子どもたちが実際に「続き創作」に取り組んだのは単元の最後の一時間であるが、それ以外の九時間もその最後の続き創作に向けての読みが展開されていたのである。池田は、この〈四次〉のときに子どもに指示したこととして「続編であること。作品から学んだ表現・技法を活用すること。この二点を押さえて、作業に臨ませた。」と述べており、読み取ったことを生かして書かせるというように、より国語学力を意識していたことが分かる。

○　森川正樹（二〇〇八）『小1～小6年 〝書く活動〟が10倍になる楽しい作文レシピ100例　驚異の結果を招くヒント集』

本書で森川は子どもが書きたいと思うような働きかけアイデアを一〇〇例提示している。この四二番「エピソード2」は、「物語の「続き」を書く」ということである。森川は次のよう述べている。「「続き」を書くには、本編をしっかり読解し、つかんでおかなければなりません。「続きを書くために読むことになる」のです。読解のため手段として「書く」のです。」と池田と同様に読みの大切さについて述べている。

さらに、森川は四一番「エピソード0」として、「物語の「以前」を書く」という物語に入る前の物語を書かせるという取り組みを提案してくる。続き話の逆バージョンである。ここでも森川は「本編をより深く読み込ませるために、「物語文」を学習した後、またはある程度学習してから物語の「以前」を書かせます。このレシピも国語の授業の読解活動の一環として行うもので、単発に組む単元ではありません。」と述べ、読むために書くことであると位置付けている。

2　新しい場面や事物の挿入

物語には繰り返しの面白さがある。たとえば、「サラダでげんき」には、猫や犬やありや雀など様々な動物が登場するが、その中に新しい動物が入る場面を挿入することができる。ただ、その場合、何でも投げ入れるのでは無くて新しい動物は、当然入ってくるときその動物なりの特徴的な入り方をし、かつその動物が自分の好きな食べ物を紹介するというような、元になるテキストの場面展開の表現をうまく踏まえておく必要がある。

○　**倉田豊**（二〇〇四）「**新しい場面を作り出して書こう**」、（六六―六九頁）…三年生の実践

倉田豊は三年生教科書教材「きつつきの商売」において、次のような五時間の学習を計画した。

①3の場面を考え、話の構想をたてる。　（一時間）
②新しく第三の場面を書く。　（一時間）
③作文をもとに絵本を作る。　（二時間）
④友達の絵本を読み、感想を書く。
⑤自分の作品に対する友達の感想を読み、その感想を書く。　（④と⑤で一時間）

「きつつきの商売」の本文できつつきは、「野うさぎ」や「野ねずみ」の家族に「おとや」としてお客さんが望む音を聞かせる。この「おとや」としての音を売る仕事と、お客さんという設定では、さらに「おとや」のメニューを増やしてお客さんを追加していくことができる。こうやって子どもたちは新しい場面を追加していったのである。

新しい場面を追加するという活動は、既にテキストが存在し、その形式が決まっているので、全く自由に考えて書かせるよりも、よりとっかかりとしては書かせやすい。そして、新しい場面にどんな動物を登場させるかというところで子どもたちの個性が発揮でき、作品の交流も楽しんでできるのである。

3　翻案

翻案とは、既存の物語を書き換えていく作文である。パロディーもそれに含まれるが、ここでは既存の物語をその構成・形式を生かしつつ別の物語に作り換えた実践例を紹介する。

○　**中原真智子**（二〇〇四）「**動物物語をつくろう――サーカスのライオン――**」、（五六―六八頁）…三年生の実践

単元の目標は、「物語から学んだ発想を生かし、構成や表現の工夫を考えながら、動物の特徴を生かした物語文を進んで書こうとすることができる」ということで次のような単元構想を設定した。

第一次…「サーカスのライオン」を読んで感想を話し合い、動物物語を作る計画を立てる。（二時間）
第二次…物語の場面や登場人物などを決め、動物園や資料などから取材し、あらすじを書く。（三時間）
第三次…「サーカスのライオン」の表現の工夫を学び、それを生かして、動物物語を書く。（五時間）
第四次…できあがった作品を読み合い、感想を交流する。（一時間）

中原は、子どもたちに自分の好きな動物を決めさせ、そこからスタートした。子どもたちに、まずその動物について詳しく調べさせ、特徴を捉えさせた。その上で、大まかに起承転結のあらすじを考えさせた。そして、そのあらすじを膨らませる方法を学ぶということで「サーカスのライオン」の読みに取り組ませたのである。そして、物語「サーカスのライオン」で用いられている次のようなレトリックを学ばせた。

ア　心理・行動描写（足をひきずりながら等）
イ　比喩表現（ひとかたまりの風になって等）

ウ　擬人法（ほのおは階だんをはい上がり等）
エ　擬声語・擬態語（ごうごう等）
オ　活字の大きさや太さと工夫した表現（ウオー等）

そういう点では「サーカスのライオン」はレトリックの宝庫であり、子どもたちは自分だけの物語の表現に生かすという目的で主体的にそういう表現を取り入れることができたのである。

○　三藤恭弘（二〇一〇）**『書く力がぐんぐん身につく「物語の創作／お話づくり」のカリキュラム30――ファンタジーの公式――』**

本書で三藤恭弘は、子どもに「物語の創作／お話づくり」を取り組ませることで、子どもにどんな「書く力」を育てることが出来るかと言うことを考察し、そのための具体的な指導法を組み込んだ三〇のカリキュラムを提案している。このカリキュラムはアイデアから構想、記述の仕方まで様々に計画されているがその14と15に「書き換え」がある。

14「書き換え①」では、パロディ作文をとりあげている。これは「すでにあるよくできた物語の構造はそのまま借りて、登場人物が何をどのようにした等の「6W1H」を自分の好きなように入れ替え、遊び感覚で楽しみながら、自然に物語の構造やストーリーの組み立て方、表現技法を身につけていく学習です。」としており、三藤は「ももたろう」をもとにした「かぼちゃひめ」の例をあげている。

また15「書き換え②」は、「「視写」をよりアクティブにしたもので、構成等の入れ物（テンプレート）はそっくりそのまま貸していただきながら、主人公や時、場所の設定を変えて物語を書き直す学習です。子どもたちがおもしろがって書きますし、その上、物語の構造や表現方法がよく吸収できるので、大変有効な学習方法です。」と述べ、子どもたちにアンデルセンの「雪の女王」を読ませ、その中の９場面と場所と人物を整理し、「場面ごとに、登場人物が工夫され、様々な出来事が起こる構成を確認する」ということをさせた後、自分のすきなように書き換えさせるというカリキュラムである。物語を構成している物語文法を読み解いてそれを活かすという子どもがより思考力を働かせるカリキュラムとなっている。

４　ジャンルの転換

ジャンルの転換とは、物語を劇の台本に書き換えたり、物語から短歌をつくらせたり、説明文から物語を作らせたりするような試みである。

ここで青木幹勇の「詩歌教材―散文化」の例をあげる。青木は啄木の短歌から次の散文を書かせている。

ふるさとの訛なつかし／停車場の人ごみの中に／そを聴きにゆく

仕事に疲れたぼくは、ペンを置いて、ぶらっと外に出た。冷たい風が吹きぬけていく。えりまきをかたく巻き、ふところに手を入れて歩き出した。どこへいくという当てはない。しかし足はいつのまにか、上野の駅にむかっている。（中略）ひさしぶりにふるさとのなまりを、胸いっぱいに聞いてきた。（青木幹勇、一九八六、一六五頁）

短歌から物語の情景が浮かび上がってくる。

○　**桑野徳隆**（**一九九七**）『**物語が大すき**』
桑野は、本書で子どもに物語を書かせる書かせ方をいくつか提案しているが、その中に「シナリオ」を書くという活動がある。本書の中では、シナリオの作り方「時、場所、人物、事件、解決、変化」を考えてせりふとト書きを書くという例が示されている。本書には、長崎源之助の『つりばしわたれ』の最初の部分をシナリオに書き換えた例があげられている。

○　**佐藤敬子**（**一九九六**）「**キョウリュウ博士にインタビュー**」、（九〇―九五頁）…四年生の実践
教科書の説明文教材「キョウリュウをさぐる」をもとにしたジャンルの転換作文の実践である。

佐藤は次のような七時間の単元を構想した。

1　全文を読み、感想を持つ。（一時間）
2　キョウリュウ絵本を作る計画を立てる。
　キョウリュウ博士とその他の登場人物を決めて、簡単な絵に表す。（一時間）
3　絵本の書き方を知る。（一時間）
4　絵本作りをする。（三時間）
5　絵本の帯作りをする。（一時間）

教材文は説明的文章であるが、それをもとにキョウリュウ博士のインタビュー記事を書かせたのである。説明文をインタビューの記事に書き換えることによって物語への変換や文体の変換が生まれたのである。

5　物語と物語の組み合わせ

物語づくりの方法を提案している古典的な名著としてジャンニ・ロダーリの『ファンタジーの文法』（筑摩書房、一九七八年）がある。そこに「ファンタジーの二項式」というユニークな方法が示されている。その方法は、例えば二人の子どもが移動黒板の両側からそれぞれ思いついた言葉を書き、ある子どもが「犬」、反対側の子どもが「たんす」と書いたとすると、その二つの言葉を結びつけてお話を作るというものである。このように違う物を繋いで組み合わせて物語をつくることができる。そういう「異質なものの組み合わせ」により子どもの想像力をより喚起することが出来る。

さらに、ここで紹介するのは、「物語と物語の組み合わせ」という方法である。物語と物語を組み合わせて新たな物語を創作するのである。

○　**春日由香**（二〇〇四）「**二つの物語の主人公を語らせよう**」、（五〇—五三頁）…六年生の実践

六年生国語教科書教材「石うすの歌」と「川とノリオ」とを読み、主人公同士の架空の会話を書く活動である。子どもたちは、まずそれぞれの教材を読み深め、感想交流をする。その上で、次のような会話を書く活動を行う。「石うすの歌」と「川とノリオ」をもとにして登場人物の架空の会話を書く。※次の中から一つ選んで書く。

A　ノリオと瑞枝の会話
B　瑞枝の母とノリオの母の会話
C　千枝子とノリオの祖父の会話（瑞枝の祖母とノリオの祖父の会話）
D　千枝子のひいた石うすと、ノリオを見ていた川の会話

このように架空対話を設定することで、子どもたちはノリオや瑞枝の言葉をかりながら戦争に対する認識を深めていくという文学体験ができている。

三　書き換え物語づくりの成果と課題

1　主体的な学習と学力の育成

これまで、1　続き話づくり、2　新しい場面の挿入、3　翻案、4　ジャンルの転換、5　物語と物語の組み合わせ、という様々な観点からの書き換え物語づくりを検討してきた。そして、それぞれの実践で生まれた子どもの作品を見ると、書き換えという方法をくぐり抜けて生まれた作品ではあるが、それがとても生き生きとしていることを感じた。授業記録の中にも、子どもが喜んで取り組んでいる様子がくみ取れる。

ただ、大事なのは意欲の喚起と共に確かな学力を育てると言うことである。

大内善一は次のように述べている。

> 近年実践されている「変身作文」「なりきり作文」の多くは、手当たり次第、子供が変身したいものに変身させて書かせている。その結果、子供は、刹那的に変身の対象を求める。しかも、自分の想像力や表現力をはるかに超えた対象になりきろうとする。そして、子供は、自分が選んだ対象を表現しあぐねてもてあましてしまうのである。
> 「変身作文」「なりきり作文」を作文学習の無法地帯にしてはならない。楽しく書かせるという手段を目的化してはならない。
> （大内善一、一九九六、一一頁）

この大内の警鐘は大切である。これまで本章で取り上げてきた「書き換えによる物語づくり」はどの方法であれ、テキストの読みということをもとにして作品がつくられている。「物語を作ろう」として、主体的に読むとき子どもは物語の登場人物や場面の設定やしかけなど様々な工夫を学び、それを自分の物語作品の中に取り入れていく。ただ、そういうときに教師が気を付けないといけないのは、子どもに「自分の物語をもっといいものにするためにテキストを読み返す」という姿勢を持たせることである。「Ⅰ　続き話づくり」は続きだからどんな話になってもいいということはない。もし、「ごんぎつね」の続き話として「兵十」の物語を書くなら、兵十の性格はテキストにあった性格でなくてはならないし、兵十が居る場所はやはりごんとともに過ごした村であろう。その情景を考えさせるときには、テキストに描かれていた情景を読み返させたい。

「書き換え物語」づくりは、そのようにテキストと自作物語との往還の中で、進めていかせることが大切である。

2　物語共通の部分と固有な部分のさじ加減

「書き換え物語」づくりが、このように「テキストと自作物語との往還」で進められていく場合、新たな創作がどこまで自由であり得るかということも考慮しなければならない。それが、「物語共通の部分と固有な部分」のさじ加減である。ごんぎつねを兵十の視点から書き換えた場合、例え、兵十の視点であれ、最後の場面でごんが殺されるという点は共通部分である。「きつつきの商売」で新しいお客さんを考えても、お店の主人はきつつきで、聞かせる音は電子音楽ではなくて、自然の中から生まれた音でなければならない。そういうテキストの骨格を支えている重要な観点は、共通の部分として変えられない。その変えてはならない部分をきちんと位置付けたい。

3　新たなテキスト

先の大内善一（一九九六年）で取り上げられていた書き換えのもととなる第一次テキストは物語、説明文、詩、俳句、短歌、漫画であった。また、府川源一郎・高木まさき編（二〇〇四年、一頁）ではさらにそれらに加えて、絵本やビデオや他の児童が書いた物語なども第一次テキストとして使われていた。

情報化が益々進んで行く中で、このテキストも文字テキストを超えて、動画、写真、絵画、アニメ、インターネット、携帯のラインの文章、などますます広がっていくと思われる。ただ、その場合、その第一次テキストが例え非言語的なテキストであっても、その中に思考を刺激するような観点を見出せるような芸術性の高いテキストを用いたい。例えばスタジオジブリの「となりのトトロ」などは、アニメの古典的名作と言えよう。これをテキストにして「書き換え物語」づくりに取り組ませるとしたら、自然の描かれ方や親子の情愛の深さなどいくつかのポイントは外さないで書き換えさえたい。そういう新しいテキストを開発するとき、その新しいテキストの普遍的な良さを見出し、それを取り入れた「書き換え物語」づくりに取り組んで行ってほしい。

文献

青木幹勇（一九八六）『第三の書く　読むために書く　書くために読む』、国土社

池田圭伊子（一九八八）「続き創作への発展を配慮した指導過程の工夫」、全国国語教育実践研究会『実践国語研究』八〇号

大内善一（一九九六）「書き足し・書き替え作文の授業づくり」、『別冊　実践国語研究』No.一五六、全国国語教育実践研究会、五頁

春日由香（二〇〇四）「二つの物語の主人公を語らせよう」、府川源一郎・高木まさき編『認識力を育てる「書き換え」学習　小学校編』、東洋館出版社

倉田　豊（二〇〇四）「新しい場面を作り出して書こう」、府川源一郎・高木まさき編『認識力を育てる「書き換え」学習　小学校編』、

東洋館出版社

桑野徳隆（一九九七）『物語が大すき』、岩崎書店

佐藤敬子（一九九六）「キョウリュウ博士にインタビュー」、大内善一編『別冊　実践国語研究』№一五六、全国国語教育実践研究会

ジャンニ・ロダーリ、窪田富雄訳（一九七八）『ファンタジーの文法　物語創作法入門』、筑摩書房

中原真智子（二〇〇四）「動物物語をつくろう――サーカスのライオン――」、佐藤明宏（二〇〇四）『自己表現を目指す国語学力の向上』、明治図書

府川源一郎・高木まさき編（二〇〇四）『認識力を育てる「書き換え」学習　小学校編』、東洋館出版社

三藤恭弘（二〇一〇）『書く力がぐんぐん身につく「物語の創作／お話づくり」のカリキュラム30――ファンタジーの公式――』、明治図書

森川正樹（二〇〇八）『小1～小6年　〝書く活動〟が10倍になる楽しい作文レシピ100例　驚異の結果を招くヒント集』、明治図書

山崎　馨（一九七八）『人間的ゆたかさの教育――想像から創造へ――』、一光社

第五章　「物語の構造」に着目した「物語づくり」の学習指導

——ストーリーマップとカードの活用——

山本　茂喜

一　「物語づくり」における物語の構造の学習指導

1　日本における「物語づくり」の学習指導の特徴

平成二九年三月に告示された新学習指導要領においては、論理的思考力とともに、「創造的思考力」が重視されている。そこでは特に「感情や想像を言葉にする力」の育成に焦点が当てられている。

国語科において「創造的思考力」が最も高次に働くのが「物語づくり」であろう。その「物語づくり」の学習指導は、子どもたちの発想面を支援する構想の指導と、物語をどのように書くかという記述面の指導に大別できる。このうち、記述面の指導は、物語表現の指導（比喩や象徴などの表現技法やタイトルの付け方などの指導）と、物語内容の指導からなる。物語内容の指導とは、登場人物の関係や、物語のプロットをどのように構成するかという支援である。

これまでの我が国の「物語づくり」の学習指導は、主に創作意欲を喚起し、発想を助ける構想面の指導が中心であった。それに比して記述面の内、特に物語内容の指導は、「起承転結」といった伝統的な構成法が中心であり、欧米に比べて最も手薄な部分である。ここでは、主として物語論や物語文法に基づく物語の構造の指導（「ストーリーマップ」や「カード」を活用した学習指導法）について述べたい。

2　欧米の「物語づくり」との比較

物語づくりの学習指導は、日本よりもむしろ欧米で盛んに行われている。「物語づくり」にあたる言葉として、“creative　writing”があり、「論理的文章」とともに、creative　writingは表現指導の二本柱となっている。

欧米においては、論理的な作文とともに創作文においても、基本的な「型」を活用して書く指導がなされている。普遍的な「型」を活用して書く力を、「創作力」と考えているのである。これに対して日本では、伝統的に「見たまま感じたまま」を自由に書くことが個性であり創造力だと考えられてきた。

原和久（二〇〇五）は、米国におけるcreative　writingについて、「文学作品を子供たちに教えるときには必ず、そこで使われている表現の技術も教え、その技術を使って自分自身の作品を創作させるという、いわば実践のトレーニング」を行っていることを指摘している（Ⅴ頁）。このような読むことと関連付けた創作指導は日本においてこれまで不足していた点である。また勝田光（二〇一七）は、「物語づくり」に入る前に日本に比べてより多くの物語を読むこと、また異なるタイプの物語を読むことによって、子どもたちの「物語づくり」に結びつけている点を指摘している。

欧米における文学作品の読みと「物語づくり」の関連指導は、表現技法面だけではない。物語の基本的な構造を読み取り、それを創作に生かしていくのである。我が国の「物語づくり」指導において、物語の読みとの連携に乏しかった原因の一つには、このような物語の基本的な構造を活用するという視点が欠けていたことがあげられる。

３　「物語づくり」における構造の指導の現状

「物語づくり」指導の先駆的な文献として、『子どもの創作の指導』（倉澤栄吉・今泉運平、一九五五）がある。ここでは、「筋の構成」として、「事件を中心とし、その事件にからまる人の心の動きを描きながら、その事件がふくむ問題を、読者とともに解決していこうという形をとるのが普通であるから、まっさきに、問題を提起するのがよい。」（一三四頁、傍線引用者）と述べられている。「問題―解決」の基本構造で物語のプロット作りを指導しようとした最も早い例として注目される。

しかし、このような物語構造の指導は稀なのであって、以後、「物語づくり」の軽視とあいまって、主に構想面での指導が中心となっていったのである。

(1)　学習指導要領における物語の構造の指導

学習指導要領（平成二〇年）では、これまでになく「創作的な活動」が重視されているが、『小学校学習指導要領解説　国語編』（文部科学省、二〇〇八）では、「物語づくり」に関して次のように「物語の基本的な特徴」を具体的に解説している点が注目される。

物語は、主人公やその他の登場人物がそれぞれの役割をもっていること、フィクション（虚構）の世界が物語られていること、冒頭部に状況や登場人物が設定され、事件とその解決が繰り返され発端から結末へと至る事件展開によって構成されていることなどの特徴をもっている。また、詩も物語も、語り手が、一人称や三人称などの視点から語っていく形式となっている。

この点について、「文章全体の構成としては、例えば、物語では、「状況設定―発端―事件展開―山場―結末」など」とも記述されている。

このように、物語の基本的な特徴について、具体的に次の三点を示している。

①登場人物は役割をもっている

②物語の構成の特徴（状況設定と事件・解決。または状況設定―発端―事件展開―山場―結末）

③視点と語り

これらの観点は、いずれも物語論の知見に基づくものと言うことができる。しかし、「登場人物がそれぞれの役割をもっている」という観点は重要であるにもかかわらず、あまり理解されることなく実践でも取り上げられていないのが現状であろう（「プロップのカードについて」の項目で後述する）。また、「事件とその解決が繰り返され」る、という曖昧な記述のために「問題―解決」という物語の普遍的な構造が十分に受け入れられることなく、「状況設定―発端―事件展開―山場―結末」という伝統的な物語構成の方が実践に取り入れられている。

しかし、物語の内容面での特徴について触れられることの無かったこれまでと比べるならば、一歩前進したことは確かであり、それは国語教科書にも反映している。

(2)　国語教科書における物語の構造の指導

ここで注目されるのは、光村図書三下（平成二三年度版）の「物語を書こう」である。この単元は、その前の民話教材「三年とうげ」を受け、「次の組み立ては、多くの民話・昔話や、物語に当てはまるものの一つです」として、物語の基本的な構造を次のように示している。

①はじまり（「場」しょうかい）②出来事（事件）が起きる。（登場人物がこまる、など）③出来事（事件）が変化する。（解決に向けて）④むすび（出来事（事件）が解決する。その後どうなったか）

さらに、この構造にそって、「三年とうげ」や他の作品を分析するように問いかけている。

①どんな場所の話ですか。どんな人物が出てきますか。②どんな出来事が起きましたか。③解決に向けて、新たに、どんな人物が登場しましたか。④どのように、解決しましたか。

これは先述した『小学校学習指導要領解説国語編』の「物語の構成」を具現化した単元だが、「起承転結」や、「状況設定―発端―事件展開―山場―結末」などと比べると、「問題―解決」という、物語の具体的な骨子を示していることが大きな相違点である。また、その構造を他の作品（民話）の読みに関連付けている点も評価される。

続く平成二六年度版の国語教科書においては、やはり光村三下「組み立てにそって、物語を書こう　たから島のぼうけん」で、「はじめ・中・終わり」の「中」を、「どんな出来事（事件）が起こり、それをどのように解決しますか」として、次のように、より明確に「事件―解決」の構造で示している。

物語は、次のような組み立てで、ないようを考えて書きます。

〈はじめ〉物語の始まり（時・場所・人物）
〈中〉出来事（事件）とその解決
〈終わり〉物語のむすび（登場人物はどうなるのか）

また光村五年においては、物語の構成表の例として、次のごとく、より具体的に示されている。

始まり　健太と広一の関係
事件のきっかけから解決　かんちがいからのけんか・かんちがいに気づく・仲直りする
結末　これまでよりも仲よくなった。

二　フィンランド国語教科書における物語の構造の指導

以上のような「問題—解決」構造に基づく、読みと関連付けた「物語づくり」の指導は、以前より欧米では一般的に見られるところであるが（山本、二〇一四）、その一例として、フィンランド国語教科書における「物語づくり」の指導を取り上げたい。小学三年生版（コスキパーら、二〇〇六）における学習の例である。

(1) 物語「カラスとじょうろ」

この物語は、三年生において最初に登場する物語教材である。のどの乾いたカラスが、知恵を働かしてじょうろから水を飲む、という短い物語である（イソップ物語の再話）。注目すべきは、教材文の段落ごとに、この物語の構造を示している点である。以下に要約して示す。

書き出し　むかし森に大きなカラスがいた。
問題　カラスはのどがかわいていていた。

問題を解決しようとする①　森の中で水を探すが見つからない。
問題を解決しようとする②　犬小屋で水を見つけるが犬に追い払われた。
問題を解決しようとする③　たるを見つけるがからっぽだった。
問題を解決しようとする④　じょうろを見つけたが口がとどかなかった。
最後の解決　じょうろに石をいれ、水の高さをあげて飲むことができた。

この物語に対して、次のような設問がなされている。要約して示す。

①主人公はだれですか。
②この物語に出てくるふたつの場所はどこですか。
③主人公がこまっている問題とは何ですか。
④主人公が問題を解決しようとしていることについて、それぞれ説明しなさい。
⑤主人公は、どうやって問題を解決しましたか。その方法について、どう思いますか。
⑥この物語のカラスは、どのような登場人物ですか。

さらに、「物語を書くためのヒント」として、次のようなアドバイスが記されている。

・まず、場所がどこなのか、主人公はだれなのか、どんな問題のせいで主人公がこまっているのかを説明しよう。
・それから、主人公がどうやって問題を解決しようとするのか、説明しよう。

・なぜ、主人公はなかなか問題を解決できないのかな？
・主人公はかんたんにはあきらめないよ。つぎにどうするのかな？
・ついに主人公は問題を解決した！どうやって解決したのかな？

このように、三年生の最初の物語教材において、物語の設定として「主人公と場所」、そして物語の構造として、「問題─解決」の枠組みを示している。このようなタイプの「物語の構造」の学習は、これ以降もしばしば登場している。「作文特訓道場3」では、「どうやってシロクマは毛皮を手に入れたのでしょう」という物語を「お手本」として示している。その物語では、「いつ、どこで？」「だれが？」「問題─問題を解決しようとする」「問題の解決」「結び」、という型を示している。

また四年生版の教科書（コスキパーら、二〇〇五）の「作文特訓道場　3　物語を書こう」では、「主人公を決めよう」「主人公の味方になる人たちを決めよう」「主人公は魔法が使えるのかな？それとも魔法の道具を持っているのかな？」等の方法を示している。すなわち、「主人公」「主人公の味方」というキャラクターの関係とともに、「魔法」「魔法の道具」という物語のモチーフ（要素）を示しているのである。

このようなフィンランド国語教科書における「物語づくり」指導の特色は、次の二点にある。すなわち、①物語論に基づく物語の構造（問題─解決）を基本型として創作する。②物語の構造の読みと関連して指導する。先述したように、これらの点は、我が国の創作文指導において伝統的に不足している観点である。

三　物語の構造の指導としてのストーリーマップの活用

1　ストーリーマップとは

このような物語の構造を学ぶ学習は、認知心理学における物語スキーマと、それを記述した物語文法を原理とするものだと考えられる。いわゆる認知心理学におけるトップダウン型の学習である。そして、その物語文法は、物語論（ナラトロジー）における構造分析にその源流がある。

アメリカにおいて広く用いられているストーリーマップについては、山本（二〇一四）においてその原理について詳述しているが、ストーリーマップは、プロップやダンダス等の物語論や、ソーンダイクに代表される物語文法に基づいて一九八〇年代頃から開発されたものである。いわゆる学習ストラテジーの一つとして、読むことと書くことの両面で広く用いられているビジュアル・ツールである。

ストーリーマップは、構想段階で得たアイデアを組み立てるための物語の基本的な「型」を示す。その型は、「問題」と「解決」を基本とする。物語は、中心人物が、ある問題（欠如）を抱えるところから始まる。その問題を解決しようとして、行動を起こす。様々な「難題」をクリアして、最終的に問題は解決される。

物語には、他にも「出発」と「帰還」、「禁止」と「違反」、「魔法の道具」「変身」などの機能がある。ロシアの民話研究者プロップは、このような魔法昔話に共通する三一の機能を発見した（プロップ、一九八七）。「機能」とは、登場人物の「行為」であり、「役割」と言い換えることもできる。先述した『学習指導要領解説国語編』における「登場人物は役割を持っている」という記述は、このような「機能」を指すものと考える必要がある。すなわち、『鶴女房』において、鶴は「見てはいけない」という「禁止」という役割を持っている。そして夫は、それに「違反」すると

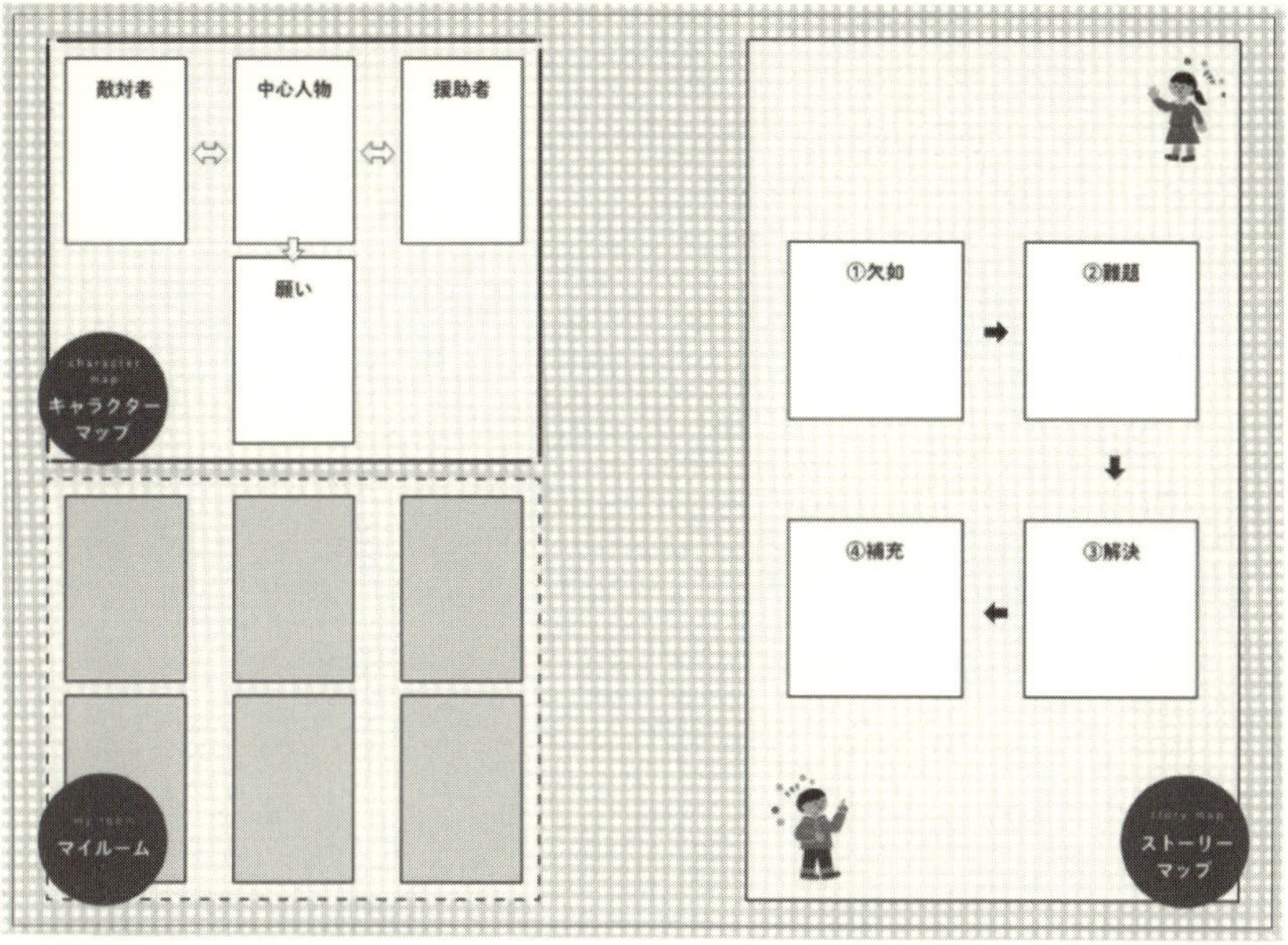

図１　ストーリーマップの例（山本茂喜、2014）

いう役割を担っているのである。

　これらの機能のうち、あくまでも基本は「問題」と「解決」という型にある。中心人物に「問題」（欠如）がなければ、ストーリーは創作できないことを内田伸子（一九九六）は実証している。特に物語の発端部分においては、主人公の「目標」が筋の展開には不可欠であり、そこから「難題―解決」の枠組みや「欠如―補充」の枠組みを活用して子どもたちは物語を作り出していく。内田のこの研究はストーリーマップの有効性を科学的に支持するものと言えるだろう。

　ストーリーマップとは、「問題（欠如）」と「問題の解決（欠如の解消）」を基本線として物語を創作するツールである。従来の「起承転結」等とは異なり、ストーリーマップは、「物語内容」を具体的に示していることに特徴がある。つまり、物語の「発端」は、中心人物の「問題」からスタートし、その問題が解決する（解決しない場合もある）ことが「結末」となる。また、その途中では、「難題」と「解決」がいくつか挟み込まれ、最後に難題が解決する場面が「クライマックス」（山場）となるのである。

図1に示すのは、山本（二〇一四）におけるストーリーマップとキャラクターマップの例である。キャラクターマップは、「中心人物」・「援助者」・「敵対者」からなる。従来の「主人公」「副主人公」という捉え方ではなく、登場人物の「役割」を、プロップの「機能」に基づき、より具体的に明示している点が特徴である。また中心人物の「願い」は、中心人物の志向する「目標」であり、物語のテーマを示すものとなる。

2　ストーリーマップを活用した実践例

ここでは、山本（二〇一四）に所収の山村勝哉教諭の実践「ふしぎな世界へでかけよう」（小学校五年）を取り上げることにする。この単元は、主人公が不思議な世界を体験して戻ってくるというファンタジーを創作することをねらいとしている。「ファンタジーでは主人公が不思議な世界に入って戻ってくるのだが、多くの作品では現実世界に戻ってきた主人公は以前よりも成長している。つまり、欠如が補充されているのである。こうした主人公の成長も視野に入れて創作するには、欠如と補充を設定することのできるストーリーマップはたいへん有効であると考える。まずは、主人公の欠如をしっかり考えさせたい。そして、その欠如を補うにはどんな不思議な世界がぴったりなのかを考えさせたい。最後に、成長した主人公の姿を考えさせることで、夢のあるファンタジーを作らせたい。」と述べられている（七二頁）。

学習計画は以下の通りである。

- ・キャラクターマップを用いて、物語の設定をする。……………………1時間
- ・不思議な世界を想像し、主人公の成長を考える。……………………1時間
- ・ストーリーマップとカードを用いて、物語の構成を考える。…………1時間

・構成をもとに，物語を書く。……………………………2時間
・物語を読んで感想を話し合う。…………………………1時間

このうち、主人公の欠如と補充を、不思議の世界の体験と関係づけて設定する二時間目では、授業の導入で、これまでの読書経験を話し合い、想像を広げている。例えば、「セロ弾きのゴーシュ」では、オーケストラの楽員が動物の治療のためにセロを弾くことで、いつの間にか上達していたこと。「千と千尋の神隠し」では、甘えん坊だった子が温泉宿で働くことでしっかり者の女の子に成長すること。「モチモチの木」では、弱虫の男の子が夜中に医者を呼びに行くことで少しだけ自信を持てるようになったこと等を思い出し、不思議な世界と欠如の補充について理解を深めている。このように、子どもたちの既有知識や読書体験、映像体験などを喚起し、新しい「物語づくり」に活用しているのである。二時間目の学習活動は次のようである。

1　主人公の欠如を考える。
2　欠如が補充される体験ができる不思議な世界を想像する。
3　不思議な世界の入り口と出口を考える。
4　補充された後の主人公の姿を考える。

K児は、合唱部に所属し、発表会を目指して歌の練習に取り組んでいる。この「物語づくり」の学習では、主人公に合唱部の女の子を設定した。そして「もっと歌が上手くなりたい」という「願い」を持たせることにした。K児のストーリーマップを見ると、「欠如」と関わる不思議な世界を、大好きな歌手Yと共演するためのオーディションを受けると設定した。そして「難題」はライバルの出現、「解決」をオーディションに合格して歌手Yと共演す

ることと設定している。歌が上手くなりたい主人公にとって、あこがれの歌手と共演できる機会はこの上ないチャンスであり、夢の舞台である。そして、現実の世界に戻ってきた主人公は音楽室で合唱の練習をしている。いつの間にか歌が上達しており先生から「上手くなったな」とほめられるのである。K児の設定した不思議な世界は、欠如が補充されるための試練となっており、さらに現実世界に戻ってきたときの成長につながるものとなっている。

四　「プロップのカード」を活用した「物語づくり」

1　プロップのカードについて

図2　カードの例。
右上から「変身」「結婚」「魔法の道具」「戦い」

プロップの三一の機能をカードにし、それを活用して物語を作る方法は、すでにロダーリ（一九七八）で、「プロップのカード」として紹介されている。ロダーリは、二〇枚のカードを使って物語を作る遊びをしたことを報告している。カードを混ぜ、そこから抜き出した何枚かのカードで物語を作っている。子どもたちが楽しんであっという間にお話を作り上げると記している。

山本（二〇一四）では、「機能カード」として、三一の機能の中から基本的な一三の機能を選択し、わかりやすく改変したカードが載せられている。「依頼者」「贈与者」

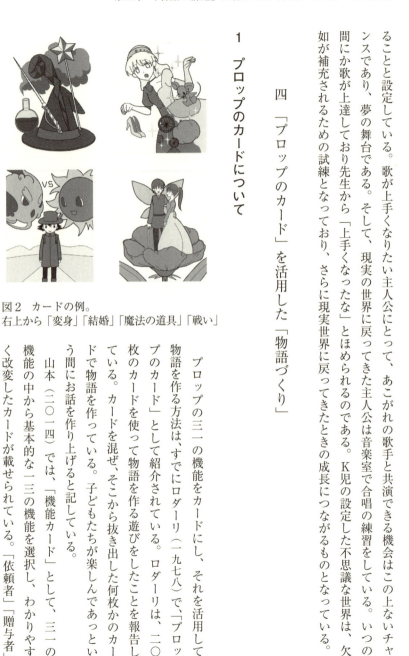

「魔法の道具」「出発」「帰還」「策略」「成功」「禁止」「違反」「追跡」「戦い」「変身」「結婚」の一三枚である。カードには、それぞれを象徴する昔話の絵が描かれている。

これらのカードは、ストーリーマップで作った基本のプロットをさらにふくらませるためのヒントとなる。「禁止」と「違反」を取り入れよう、というように機能を組み入れていくのである。また、トランプのように無作為に抜き出したものを並べてストーリーを考えることを、ゲームのように繰り返して発想を生み出していくことにも使うことができる。

2　プロップのカードを活用した「物語づくり」の実践例

三藤恭弘（二〇一〇）では、「物語づくり」の指導過程を、「物語の構成」を含む三〇のステップで詳述している。そのうち、ここでは、「プロップのカード」の学習を取り上げる。

三藤は、「物語を「プロップのカード」により分析することで、楽しいストーリーには一定のストーリー展開要素があることを理解する」（一三二頁）ことを「本時のねらい」として、次のような展開の学習を行っている。

1　導入
2　本時、勉強する内容について知る。
3　プロップのカードについて知る。
4　「ももたろう」「眠り姫」をプロップのカードで分析してみる。
5　発表する。（カードにあてはまるものを見つけて発表する）
6　自分ならどのカードを使いたいか考える。
7　学習のまとめをする。

以上のように、プロップのカードにより昔話を分析することで、昔話における基本的な「機能」を知り、物語づくりに活用することを目指している。物語を読むことと物語内容の学習指導を結びつけている点が注目される。

プロップによる機能は三一を数えるため、すべてを用いることは小学生には困難である。そのため、どのように取捨選択するかが問題となるが、ここでは、「事件」「解決の試み」「制限」「主人公の出発」「捜索」など、一八個を選び、わかりやすく言い換えたり説明を加えたりして、小学生にも使いやすくなるよう工夫されている。

ロダーリ（一九七八）は、他のカード（辞書から言葉を抜き出したものや、思いついたイメージやファンタジーのカードなど）ではうまく使えないのに、プロップのカードではうまく物語を作ることができる理由を、二つあげている。一つは、プロップのカードは、一つ一つが、昔話の世界全体とつながるものであること。つまり、「変身」や「魔法の道具」など一つ一つのカードから、様々な昔話を連想できることである。二つ目は、どの機能も、子ども自身の世界に「訴えるもの」を持っていることである。つまり、「禁止」であれば、「～してはいけないよ」と言われた子ども自身の経験と直接結びつくということである。

このように、プロップのカード、ひいては彼の発見した昔話の機能は、子どもの体験や読書経験と結びついて、さまざまな想像を引き出す働きを持つと言うことができる。三藤（二〇一〇）の実践にも同じことが言える。このように、カードによって引き出された過去の体験や、前に読んだ本や見たアニメなどの記憶、また関係した知識などを再構成して、新しい物語を創造し、発信していくことこそが、現在求められている「創造的思考力」であり、「深い学び」と言うことができる。

五　物語の構造と創造的思考力

新学習指導要領では、「創造的・論理的思考を高める」ことが目指されているわけだが、中教審答申（平成二八年一二月）では、「より深く、理解したり表現したりするためには、「情報を編集・操作する力」、「新しい情報を、既に持っている知識や経験、感情に統合し構造化する力」、「新しい問いや仮説を立てるなど、既に持っている考えの構造を転換する力」などの「考えを形成し深める力」を育成することが重要である。」とされている。このようないわゆる「深い学び」の中でも、「新しい情報を、既に持っている知識や経験、感情に統合し構造化する力」は、創造的思考力の中核をなす力と言うことが出来る。子どもたちは、物語を読み、学んだ表現・内容両面の特徴を、「既に持っている知識や経験、感情に統合し構造化する」ことによって、自分なりの物語を創造していくのである。

大村はま（一九八六）は、「その子どものなかに育った創作の力は、いわゆる作品を生み出さないことの方が多いであろう。どこに、どう生きてもよい、むしろ、どこにでも、どのようにでも生かせられる創作の力である。」と述べ、「創作の力―自分の中から新しいものを生み出していく力はだれにも必要である。」としている（七三―七四頁）。この大村はまの言う「創作の力」とは、いわゆる「汎用的な力」のことであり、新学習指導要領の言うところの「資質・能力」に通じるものである。

恩田彰（一九八〇）が述べるように、一般的に「創造的な活動」は「問題解決過程」として捉えられる。一方、物語自体に「問題―解決」の構造が内在している。したがって「物語づくり」の学習過程においては、入れ子型のように、「新たな物語を作る」という問題解決の学習過程と、物語の世界における登場人物の「問題―解決」の構造が重なり合っている。「問題―解決」という物語構造を用いて様々に思考を巡らせ、自らの新たな「物語」を創っていくことが、創造的思考力を育てるのである。

文献

内田伸子（一九九六）『子どものディスコースの発達――物語産出の基礎過程――』、風間書房

ウラジーミル・プロップ、北岡誠司・福田美智代訳（一九八七）『昔話の形態学』、水声社
大村はま（一九八三）『大村はま国語教室　第六巻　作文学習指導の展開』、筑摩書房
恩田　彰（一九八〇）『創造性開発の研究』、恒星社厚生閣
勝田　光（二〇一七）「読むことの学習指導に物語創作活動をどう位置づけるか――モスによるフォーカス・ユニットの再評価を通して――」、日本国語教育学会編『月刊国語教育研究』Ｎｏ．五三七
倉沢栄吉・今泉運平（一九五五）『子どもの創作の指導』、東洋館出版社
ジャンニ・ロダーリ、窪田富雄訳（一九七八）『ファンタジーの文法　物語創作法入門』、筑摩書房
原　和久（二〇〇五）『創作力トレーニング』、岩波ジュニア新書
三藤恭弘（二〇一〇）『書く力がぐんぐん身につく「物語の創作／お話づくり」のカリキュラム30――ファンタジーの公式――』、明治図書
メルヴィ・バレ&マルック・トッリマン&リトバ・コスキパー、北川達夫・フィンランド・メソッド普及会訳（二〇〇五）『フィンランド・メソッド　5つの基本が学べる　フィンランド国語教科書　小学四年生』、経済界
メルヴィ・バレ&マルック・トッリマン&リトバ・コスキパー、北川達夫・フィンランド・メソッド普及会訳（二〇〇六）『フィンランド・メソッド　5つの基本が学べる　フィンランド国語教科書　小学三年生』、経済界
文部科学省（二〇〇八）『小学校学習指導要領解説　国語編』、東洋館出版社
山本茂喜（二〇一四）『一枚で読める・書ける・話せる！魔法の「ストーリーマップ」で国語の授業づくり』、東洋館出版社

第六章　作品理解から諸能力を育てるための「物語づくり」へ
――変身作文・視点・書き換え・思考往還――

松崎　正治

一　小学校高学年の「物語づくり」実践の目的と意義

1　「物語づくり」とその目的

物語づくりの目的として、大きく二つに整理することが出来よう。

A言語生活を豊かにし、人間形成を図る。

Bものごとを生み出す力、想像力、発想力、独創力等の能力を育てる。

目的Aは、一九五一（昭和二六）年の「小学校学習指導要領国語科編（試案）改訂版」の「文学的な創作活動をする。これは、生活を豊かにするための、まったく有効な表現活動である」という文言に典型的に現れている。

いっぽう目的Bは、創作を通して、ものごとを生み出す力、想像力、発想力、独創力などの諸能力を育てようというものである。単元「楽しくつくる『白銀の馬』」（一九七五年）などの創作を一九七〇年代から実践し始めた大村はま（一九八三）は、「みんなが小説家になるわけでもなんでもない。けれども、ことばの教科のなかでも、創作力といった「力」そのものは、どうしてもつけなければならないだろう。」と言う（六頁）。能力そのものを育てる大村はまの発想は、その後の創作指導論に大きな影響を与えていくことになる。

２「物語づくり」の意義

物語づくりはどのような意義を持っているのだろうか。様々な分野の研究から、次のようなことが言えようか。

①**「世界を他者と共有する」「別の視点への気付き」**……内田（一九九〇）は、想像力を使ってファンタジーの中で空を飛んだり、宇宙を旅し、動物に変身することで、〈自分とは別の視点〉への気付き、〈他者理解〉、〈自分の解放〉、〈自分の捉え直し〉ができるという。

②**他者の共感的理解**……子どもたちが物語づくりをする際には、必ず誰かの視点に立って創作する。視点について、宮崎・上野（一九八五）は、「他者に『なって』その心情を実感的に理解するとは、……他者の共感的理解（empathic understanding）をおこなうことにほかならない。」（一四四頁）と言う。

③**創造作用を万人が持てる**……ロダーリ（一九七八）は、ヴィゴツキーの創造的想像（creative imagination）論に学んで、想像力の育成とファンタジーとを結びつけた。そして創造作用が人間の本性に生得的に備わっているものであり、ファンタジーによって自己表現し、ファンタジーによって楽しむ幸福を獲得すれば、その創造作用を万人が自分のものとすることができると論じた（三三〇頁）。

④**生きられなかった可能性を見えるように**……宮川（二〇一三）は、ファンタジーを「ふつう」と「ふしぎ」の二つを移りわたる世界を描いているが、移りわたるには、何か手続きが必要だとする。その手続きとして、例えば『ナルニア国物語』では、衣装だんすから入ることを挙げて、無意識との関連を指摘している。衣装だんすは、着られなかった可能性であり、それは抑圧されて無意識下にある、人格によって「生きられなかった可能性」だと、ユング心理学の概念で説明する。このように、物語づくりはファンタジー概念を媒介として、無意識下の「生きられな

かった可能性」の世界を目に見えるようにするものでもあるという指摘をしている。

二　小学校高学年の「物語づくり」の実践事例とその分析

1　変身作文～読むことの中に書くことを組織する～青木幹勇の変身作文と福田敦子の実践（一九八七）

物語文の登場人物になりきって、その話を書き替える学習がある。青木（一九八六）は、これを「変身作文」と呼んだ。登場人物に変身し、叙述内容を書き替えて作文しようとすると、必然的に本文を深く読み込むことになる（青木・福田は「書き替え」と表記している）。青木の指導を受けた、福田敦子（当時、東京都富士見小学校）の「変身作文」実践を検討する（福田、一九八七）。

(1) 実践の概要と授業のねらい

この授業は、「変身作文への導入」という五年生の実践である。教科書教材の森忠明「その日が来る」（光村）を読んで、この作品を書き替えていくものである。「その日が来る」は、こんなあらすじである。福引きが当たった「ぼく」は、喜びの余り自転車を会場に忘れ、盗られてしまう。そんなそそっかしい性格もあって、所属する野球部では正選手になれない。「ぼく」は自信を失うが、父親の励ましで、正選手になれるまで練習に励む決心をする。

この実践のねらいは、書くことを取り入れることによって、文章の理解を深めるというものである。

(2) 全体の学習指導計画（全九時間）

第1次　関心をもって書く

1時　全文を通読し、共感のもてたところ、おもしろいところ、登場人物について感じたことを書く。

2時　前時に書いたものを基にして、話しあいをしながら学習計画を立てる。

第２次　内容を読み取るために書く
１時　家族構成とそれぞれの性格について書く。また性格を表す言葉を本文の中からぬき書きする。
２時　全文を通読してから、自転車を置き忘れてきてしまうまでを主人公になって文脈に沿いながら書く。
３時　各自が書いたものをグループで読み合いする。さらに、グループから一人ずつ出て全員の前で発表する。
４時　父親か母親か妹になって、主人公の様子を見て感じたことを書く。
５時　４時に書いたものを、全員の前で発表する。
第３次　内容を深めるために書く
１時　題のついたわけについて考え、思うことを書く。全文を音読する。
２時　全文を通して読み感想を書く。１次の１時に書いたものと比較し、読みが深まったことを確認する。

(3)実際の児童作品

教科書教材の森忠明「その日が来る」（光村）の本文は、次のような文章である。

> ぼくは、……福引き所に行った。……福引き所のわかい男の人が、大きなすばこのような物を指した。／ぼくは、円いあなに手をつっこんで……くじを十まい取った。一まい目のくじを開くと「残念賞」……二まい目……九まい目も、それだった。しかし、最後のくじには「三等賞」という赤いゴム印がおしてあった。／「わっ、当たり。」と、男の人の横にいた女の人が、目を大きくして立ち上がった。どんな賞品がもらえるんだろう。ぼくのむねは、高鳴り始めた。

ある児童は、この本文を次のように〈変身作文〉として、書き替えた（一八九～一九〇頁）。

第一に、主人公がくじを引くときの高鳴る気持ちを書き加えている。教科書本文では、福引き所に行った主人公が、男の人が指した箱にすぐ手をつっこんだことになっている。〈変身作文〉では、男の人が箱を指す前に主人公は「胸はもうドキドキしてきた。」という心情の直接的な吐露を加えている。さらに、くじを開くときには、「ゆっくりと～あけていった」というような副詞を加えて情景描写し、その時の慎重かつ刺激的な心情を間接的に表現している。文学的洗練度が高い表現である。

第二に、この作品の肝である、主人公の自己否定的な心情を書き加えている。十枚の内九枚まで外れくじが続き、あきらめの気持ちで最期の十枚目を引く直前の心情を「いつだってぼくはだめなんだ。」と表現している。この言葉には、くじ引きだけではなく、野球でも正選手になれない悩みが表現されている。原作には、直接書かれていないことである。この児童が、作品を読み深めた成果が、書き替えに現れている。

第三に、伏線を張る表現が加えられている。教科書には、九枚までくじが外れ続けた主人公が、十枚目にやっと三等賞を引き当てたとき、どんな賞品がもらえるかと胸が高鳴るところで終わっている。しかし、書き換えでは、「その喜びが最後にあだとなって返ってきた」という表現を書き加えている。これによって、この後に有頂天になって大事な自転車を忘れる事件が暗示されている。

このように、児童は教科書本文を読み深めた成果を、〈変身作文〉として主人公になりきって、そこからの見えを文学的な表現の手法を駆使して書き替えていっている。

⑷　実践の工夫と意味付け

この実践は、文学作品を読み深めるために書くものである。そのために、〈読む→書く→読む〉という学習過程を辿っている。引用した児童作品のように主人公の立場から心情を加えて細かく書き替えるだけではなく、主人公の父親、母親、妹などに変身して書き替えている児童もいる。

児童は文脈にそって漫然と書き替えるのではなく、人物の心情が躍動する要の所で、登場人物になりきって、そこから見えたものを書き足している。例文では、くじを開ける場面である。このように書く活動によって、さらに文章が深く読み取れていくことになる。

2　物語を作るために研究的に読む～吉永幸司（一九九二）単元「物語を作ろう」

吉永（一九九二）は、物語を作るために、「きつねの窓」「川とノリオ」「白い風船」の三作品を分析的に読む六年生の単元学習である。〈読む―作る―読む―作る〉というサイクルで物語作り（吉永は「物語作り」と表記している）をしていく実践は、虚構世界の作り方を作家の仕事に学び、それを自分の虚構世界作りに生かしていく道筋を示している。以下、具体的に見よう。

⑴単元の目標

この単元の目標は、まとめると次の三つである。

○三作品の重ね読みによって、作品の構成や表現方法等、物語の読み方の視点を作り出すことができる。
○表現効果を考えて、創作童話風の文章を工夫して書き、作品にまとめることができる。
○児童作品を相互鑑賞して、「物語を作る」ことの学習効果に気づくことができる。

⑵単元の計画（全一七時間）

主な学習活動は、まとめると次のようになっている。

第一次（読む・四時間）「きつねの窓」の読み

1全文を読み感想を持つ。／2作品の特長を見つける。／3物語作りの約束を決める。

第二次（作る・四時間）「わたしの作りたい物語」

1物語を作るめあてを決める。／2計画を立て、物語①を書く。／3工夫や困っていることを話し合う。

第三次（読む・五時間）三作品を読み、物語作りで役立たせたり生かせることについて考える。

第四次（作る・四時間）作品の完成

1物語①を読み返し、書きかえ・書き直しをする。／2「前書き」「後書き」を書く。／3学習したことが生かせているかどうかを考えながら、友だちが作った物語を読み会う。

(3)実践の工夫

①物語を作る時の約束

第一時から第四時の授業で「きつねの窓」を読んで、物語を作る時の約束を次のように決めた（一三五頁）。

◎誰もが物語作りの約束として生かすもの――・好きな色を使って作品の場面を作ること／・面白い話、不思議な話というようにテーマを持ったお話にする

◎一人ひとりが工夫すること――・場面の作り方（起承転結・初め・なか・終わり等）／・誰もがはっとするような表現を使うこと／・書き出しの工夫／・「きつねの窓」でみつけた書き方の工夫

②物語作りに役立つ視点を見つける

第九時から第一三時は、三作品を読み、物語作りに役立つ視点を見つけることを課題としていた。物語作りに役立つ視点を見つける学習を重ねた結果、児童は次のようなことを見つけた（一四二頁）。

「川とノリオ」○悲しさや辛さを正面に出さないで、読み手に考えさせるようなテーマの表し方／○川やノリオのように、どの場面にも象徴的に出てくる表現方法／○場面を変えて、読み手をひきつける構成の仕方

「白い風船」○書き出しを工夫することにより、読む人の心をひきつける／○会話文を効果的に使ったり生かしたりする／○題名と内容が一致していること

「きつねの窓」○心をひきつけるような表現を使って文をひきつける／○額縁のように組み立てを工夫し、まとま

りのあるものにする／〇登場人物に愛情を込めて書く

(4) 児童が書いた作品

ある児童の完成作品「ＳＬ９６３３」を挙げてみよう（一四四頁）。

> ボーッ／サクラの花がちらほら咲き初めた村に、今日も汽笛が聞こえてきた。今まで泣いていたテツオはぴたりと泣きやみ、しきりに戸口の方へはっていこうとする。
> 小さな村のテツオの家では、こんな事が毎日であった。母ちゃんが、またかという顔でついてきた。テツオは汽車さえ見ればごきげんの何も知らない赤ん坊であった。……／サクラが満開となり、村にピンク色の世界がおとずれた。……
> テツオが「ココ」というので、……機関区長が調べると油もれがみつかった。／テツオはみんなにありがとうと言われた。テツオには機関車の故障を見分ける不思議な力があった。テツオとＳＬは見えない糸で結ばれていた。……／「白馬線廃止絶対反対」……そんなたれ幕がたくさん出ていた。テツオは笑っていた。／その日からＳＬは動かなくなった。テツオは初めて泣いた。テツオの父ちゃんのひきしまった顔。……

(5) 実践の意味付け

「ＳＬ９６３３」という作品は、「川とノリオ」のように、「詩みたいに場面が変わ」り、象徴表現が出てくる。「テツオは汽車さえ見ればごきげんの何も知らない赤ん坊であった」、「テツオの父ちゃんのひきしまった顔」など、「川とノリオ」に影響を受けている表現が、多く見られる。文体が乗り移っているといってもよい。

また、この単元では、色を重視している。作品の基調をなす色彩語が、作品のイメージを形作っている。物語作りのための視点を学ぶ「きつねの窓」「川とノリオ」「白い風船」の三教材は、効果的に色彩語を使っている。児童が物語を構想する際にも、構想表に〈使いたい色〉の項目が設定されている。

このように、文学作品の表現の手法（それは文学的認識力といってもよい）を分析して、それを自分の物語作りの手法として取り入れていくところに、この実践の意味がある。したがって児童は、物語作りを通して、文学的な〈もののの見方・考え方〉を身につけていくことになる。それは、例えば先述の⑶の②で児童自身が見出していったテーマ、象徴、構成、書き出し、会話文、題名などである。

3　自己の視点を対象化し、ずらす〜井上一郎（二〇〇二）『ことばが生まれる――伝え合う力を高める表現単元の授業の作り方』

⑴ 授業のねらいと学習プラン

井上（二〇〇二）は、「表現者としての子ども」を育成する表現単元の授業を構想し、その中でもとりわけ想像力の育成を重視して、次のように言う（一五九頁）。

> 想像力の育成……で重要なことは、子どもがどれだけ日常の自己の視点を対象化し、ずらすことが出来るかということである。しかも、その〈ずらし〉の中で的確に捉えたり、子ども自らの現実や世界観などが投影するような着実な活動でなければならないのである。

このために、きたやまようこ『りっぱな犬になる方法』（理論社、一九九二）をモデル教材にして、「りっぱな動物になる方法」（動物は自由選択）を創作する案である。

⑵ 授業の学習指導過程

小学校二年生から六年生まで、一九九七年の一学期に全三時間扱いで実践されている。

【第一時】1「立派な人間て分かるかな」と始め、簡単に話し合う。／2「では犬はどうだろう」といいながら、『りっぱな犬になる方法』を見せる。いくつかの項目について、子どもたちにも言わせてから本文の解答を教えて楽しむ。／3モデルプリントを一緒に読み、モデル分析をする。（字数、語り手や読者意識、事実、ユーモアやウィット、表現方法）／4目次を確認し、論点の学習をする。／5個別に、好きな、かつよく知っている（もしくは、知らないけれども調べて書いてみたい）動物を選ぶ。／6原稿用紙を配布し、すぐに浮かぶ項目を二〜三書かせる。見出し一行、本文数行。（絵は、最終段階で書く。）／7いくつか選んで、全体の場で推敲の仕方を教える。／8家庭学習のための原稿用紙を複数枚配布する。〔数日の間、科学読み物などで調べたりした上で、一人ずつまとめる。〕

【第二時】9家で書いてきたものを全体の場で推敲の支援をする。／10個人別にさらに書き換えるものがあったらさせる。〔数日おいて次時につなぐ。家で推敲や絵を考える。〕

【第三時】11下書きの最終整理。目次、奥付の下書きを書く。／12画用紙を配布し、右に文章、左に絵を描く。（絵は評価の対象にしない）／13製本。表紙、目次、奥付なども入れる。／14発表、交流、評価などを行う。

(3) 実践の工夫と意味付け

第一に、児童の想像力を喚起する教材の工夫がある。『りっぱな犬になる方法』という絵本が、よい。『立派な◯◯になる方法』という、自分なりの世界への想像力が刺激されやすい。

第二に、多様な世界を展開するレッスンになっていることである。学習では、想像力を働かせて何かになり、その動物の生態について深めている。例えば、ある児童は、立派なハトになるために、ハト時計になることを想像し、そして鳴き方の練習をしようと提案する。こういう学びは、世界が切り取り方によっては、多様に見えることを教えてくれる。

第三に、想像力育成のために、「日常の自己の視点を対象化し、ずらすこと」を目標として、それを学習活動に具体化していることである。児童はハト時計になったり、キツツキになったりして、宮崎・上野（一九八五）が述べていた「他者に『なって』……他者の共感的理解をおこなうこと」を行い、さらには内田（一九九〇）が述べていた「自分とは別の視点のあることに気づいていく」ことになる。こういう創作による〈ずらし〉が、小学校高学年の児童に、批判的思考や自己を相対化してメタ認知できる思考を育てていくであろう。したがって、時間があれば、できあがった作品を相互鑑賞して、目の付け所や独自の見方などを検討するのも一案である。

4　書き換え学習～府川源一郎他（二〇〇四）『認識力を育てる「書き換え」学習――小学校編――』

(1) 授業の目標

高木篤子が五年生で実践した「登場人物へのインタビュー記事を書こう～この人にインタビュー『大造じいさんとガン』」を取り上げる。授業の目標は、次の通り。「大造じいさんにインタビューするという設定で、登場人物の心情や場面についての描写など優れた叙述を味わいながら読み、インタビューの内容を記事に書くことができる。」

(2) 授業の学習指導過程　全一〇時間

①ビデオに録画したインタビューの様子を見て、質問内容と答え、コメントやまとめ方について話し合う。／②登場人物にインタビューしようという目的をもって「大造じいさんとガン」を読み、読みの視点から役割を決めて学習計画を立てる。／③前書きから物語の設定をつかみ、レポーター役と登場人物役がペアになって、インタビューの内容を考える。／④つりばりを仕掛ける作戦の場面のインタビューから、残雪の知恵に感嘆する大造じいさんの心情について読みを交流する。／⑤タニシをまく作戦の場面のインタビューから、再び残雪にしてやられる大造じいさんの心情について読みを交流する。／⑥残雪がハヤブサと戦う場面のインタビューから、残雪の姿に心を打たれる大造じいさんの心情の変化について読みを交流する。／⑦残雪を放す場面のイ

ンタビューから、大造じいさんの晴れ晴れとした気持ちについて読みを交流する。／⑧インタビューの内容に自分のコメントを添えて、記事の形にまとめる。／⑨インタビュー記事を読み合い、相互評価、自己評価をする。（七五頁）

⑶指導の工夫と児童が書いた作品

大造じいさんにインタビューするという設定で、物語を書き換えていった児童作品の一部を見てみよう。


（レポーター）今年も残雪たちがやってきました。今年はどんな作戦ですか。

（大造さん）今年こそは、残雪をしとめようと思い、あの暑い中、一生けんめいタニシを五俵ばかり用意し、そのタニシを使ったのが今年の作戦だ。ほかのガンはもちろん、残雪をわなにかけられる。……

（レポーター）なぜ、何日もタニシをばらまいていたのですか。それには、どんな意味があったのですか。

（大造さん）まあ、残雪をしとめるための第一歩目の作戦といったところだ。その作戦のために、四、五日も苦労が続いていているんだ。しとめるためには、ある場所を気に入ってもらわんと困るからな。そう思うと、このぐらいの苦労はへっちゃら、へっちゃら。（七六―七七頁）


この対話に書き換える前に、二年目の作戦について児童は、話し合っている。ある児童は〈夏のうちから心がけてタニシを集め、「そのよく日も、……そのよく日も、またそのよく日も」ばらまいておいたから、四、五日も続けてタニシをばらまいて、仕掛けの準備をしました。〉（七五頁）と発言している。それを踏まえて、子どもたちは、なぜ同じ場所に「うんとこさ」タニシをばらまいておいたのかをインタビューで大造じいさんに答えさせている。「しとめるためには、ある場所を気に入ってもらわんと困るから」である。そのための苦労など「へっちゃら、へっちゃら」と言っているところに、残雪をいかに大造じいさんが仕留めたかったが窺えるように書き換えている。

(4) 実践の意味付け

①「書き換え」学習の意義

府川（二〇〇四）は、次のように「書き換え」学習体験の意義を述べている（一二二―一二三頁）。

ことばは認識を創り出すが、逆にそれによって私たちのものの見方や考え方や感性は縛られてしまう。それは、一方的な認識や偏った感性を作り出すことにもつながる。「書き換え」学習は、そうした一元的な認識にひびを入れ、変化を起こそうとする意図を持っている。

「大造じいさんとガン」の書き換えでは、大造じいさんにインタビューするだけではなく、残雪やハヤブサにもインタビューしてみる案が、児童から出た。大造じいさんからだけの一方的な認識ではなく、多元的な認識を拓く可能性がある。時間があれば、さらに試してみたい。

5　ファンタジーの思考往還機能～三藤恭弘（二〇一〇）『書く力がぐんぐん身につく「物語の創作／お話づくり」のカリキュラム三〇』

(1) 物語作りの意義とカリキュラム

三藤（二〇一〇）は、ファンタジーを文学作品の一形態であるとともに、思考活動・思考機能の一形態であると考え、後者の〈現実→非現実→現実〉という働きを〈ファンタジーの思考往還機能〉と呼んでいる。子どもたちの直面する課題・現実生活から出発し、物語づくりを行うことで、現実と空想の往還運動が起こる。この運動の中で得られた認識力は現実生活を創造的に変革し、現実生活では解消しえない思いを発散させるカタルシス効果、セラピー効果があるという（三三―三五頁）。さらにこれまでの物語づくりの理論と実践を分析検討して、「物語の創作／お話づくり」のカリキュラムを作成している。生活現実を見つめる日記から出発して、連想ゲーム、書き換えなど物語づくりに必要な言語能力を系統的に三〇の段階に整理し、周到に積み重ねて、物語の完成まで導いている。

(2)「視点転換」の授業

授業のねらいは、〈ものごとを書くときには「視点」というものが必要だと学び、視点を意識してものごとを書く力を身につける〉（六二頁）というものである。

授業の展開は、次のように展開された。

1同じ内容のものをAという人物から書いたものとBという人物から書いたものを読んで聞かせる。／2本時、勉強する内容について知る。／3「視点」を変えて書き直してみる。／4書き進める。／5大事なことをまとめる。

(3)児童が書いた作品と実践の意味付け

物語作りを通して、複数の視点に立つ経験をすることが、他者の共感的理解や批評、自分の相対化につながる。

児童作品の「お買い物」を見てみよう。(1)

第一に、児童自身が弁当箱を買ってもらうことについて、児童本人と母親の視点から次のように書き分けている。

〈児童（娘）の視点から書いた日記〉「……弁当ばこ見つけたんよ。あれを買ってほしいな。」しばらくねばりましたが、そのかいあってお母さんに買ってもらうことができました。
〈母親の視点から書いた日記〉「……買って、買って。」と大変だだをこねるので、「お弁当ばこなら、2つもあるでしょう。無駄づかいしちゃだめ。」と言ったのですが、娘のしつこさに負けて買うことにしました。

弁当箱を購入するという行為が、娘の視点からは、「しばらくねばりました」、「そのかいあって」という表現になるが、母親の視点からは、娘が「大変だだをこねる」、「無駄づかいしちゃだめ。」、「娘のしつこさに負けて」という表現になる。ここには、自分を相対化したり、事態を冷静に眺める目がある。

第二に、母親がブランドのバッグを買うことについては、児童本人と母親の視点から次のように書き分けている。

〈児童（娘）の視点から書いた日記〉お母さんはブランドのバッグを買っていました。かなり高そうでした。／なんだかいろんなことを考えさせられました。
〈母親の視点から書いた日記〉この次にしようかとまよいましたが、思わず買ってしまいました。／帰りに、当たり前ですが、娘にブランドのバッグを買ったことがばれてしまいました。「ほら、お母さん、もうすぐ誕生日だから。」とごまかしましたが、娘の視線はきびしかったです。

娘の視点からは、ブランドバッグが「かなり高そう」に見え、母親に対して「いろんなことを考えさせられました。」という批評的な見方をしている。いっぽう、母親の視点からは、「思わず買って」、「ばれてしまい」、「ごまかしました」、と表現して、母親も欲望に忠実な一人の人間であることを率直にそして共感的に語っている。とは言え、「娘の視線はきびしかった」と自己批評もさせている。

このように、自分の立場をメタ認知して、自他を共感的にかつ批評的に語り得ている。実際に、こういう視点転換の文章を創作した児童は、三藤（二〇一〇）によれば、次のように述懐している（六二頁）。「誰か別の人の体に入りこんだような不思議な気持ちがした」「視点になった人の気持ちが分かった」「文章を書くのが面白くなった」

視点転換の創作は、児童に共感的理解や多様な〈ものの見方・考え方〉を育て、そのことが創作の面白さを感じることやさらに書くことの動機付けにつながっていることがうかがえる。

三　小学校高学年における「物語づくり」実践の成果と課題

(1)物語づくり実践の成果

小学校高学年対象の物語づくりの実践を紹介し、分析してきた。その成果として、次の三つが挙げられる。

一つ目。物語づくりは何を目指すのか。大きく二つに分かれる。第一は、文学作品を理解するために創作することである。第二は、文学的認識力や諸能力を育てるために文学作品の理解を媒介にして創作することである。文学作品の理解が最終目的なのか、文学的認識力や諸能力を育てるために書くことが最終目的なのかの違いである。前者は、青木・福田の実践、後者は、吉永、井上、府川・高木、三藤の実践である。時代が新しくなるほど、文学的認識力や諸能力を育てるために書くことの意識が強くなってきている。

二つ目。物語づくりの方法的工夫の豊かさである。変身作文・視点のずらし・書き換え学習・思考往還というように、文学作品の理解や文学的認識力の育成のために、児童が夢中になって創作する工夫が豊かに見られた。

三つ目。物語づくりの意義や可能性が大きいことである。物語づくりは、単に文学趣味で空想や妄想に逃避するような文章表現ではない。国語科教育の歴史では、文学を創作することは特殊なことであり、文芸部活動など教科外で行うべきだとされていたこともあった。しかし、一九七〇年代の大村はまの創作実践が作品の完成度を目標とするのではなくて、〈創作力といった「力」そのもの〉を育てることを目標としだした頃から、作品主義から諸能力の育成へと方向が変わってきた。さらに、物語づくりが持つ人間の発達的な意義や認識論的な意義が解明されるに従って、万人が物語づくりに参加して、それらの諸能力を育てることの重要性が知られるようになってきた。そのための実践的な工夫が重ねられてきたことが、本稿で取り上げた実践でよく分かるであろう。

⑵小学校高学年における物語づくり実践の課題

一つ目。今後育てるべき文学的認識力や諸能力の内容をいっそう明らかにしていくことである。どのような〈ものの見方・考え方〉や思考方法なのか。そしてそれらに順序性はあるのか。教育においては、それらを明らかにすることによって、教育内容の体系とカリキュラム作成につながる。またこのことは、新学習指導要領で重視されている「資質・能力」の内容とも深い関連を持つ。

二つ目。教育内容やカリキュラムを実践に具体化するためにはどうしたらよいか、その実践的工夫をいっそう精緻にしていく必要がある。本稿で取り上げている実践体系を基礎にして、新たな工夫を付け加えていく必要があるだろう。物語づくりは大きな可能性を秘めている。

注

（1）児童の日記とそれをもとに視点を転換し、児童が書き換えたリライト日記。引用作品は、これらを教材用に再リライトしたもの。

文献

青木幹勇（一九八六）『第三の書く　読むために書く　書くために読む』、国土社
井上一郎（二〇〇二）『ことばが生まれる――伝え合う力を高める表現単元の授業の作り方――』、明治図書
内田伸子（一九九〇）『子どもの文章　書くこと考えること』、東京大学出版会
大村はま（一九八三）『大村はま国語教室　第六巻　作文学習指導の展開』、筑摩書房
ジャンニ・ロダーリ、窪田富雄訳（一九七八）『ファンタジーの文法　物語創作法入門』、筑摩書房（原著一九七三年、ちくま文庫版

一九九〇年）引用は文庫版
府川源一郎・高木まさき編（二〇〇四）『認識力を育てる「書き換え」学習　小学校編』、東洋館出版
福田敦子（一九八七）「変身作文への導入」、青木幹勇編『授業が変わる「第三の書く」』、国土社
三藤恭弘（二〇一〇）『書く力がぐんぐん身につく「物語の創作／お話づくり」のカリキュラム30――ファンタジーの公式――』、明治図書
宮川健郎（二〇一三）『物語もっと深読み教室』、岩波書店
宮崎清孝、上野直樹（一九八五）『視点』、東京大学出版会（新装版二〇〇八年）
吉永幸司（一九九二）「単元「物語を作ろう」（6年）」、日本国語教育学会編『ことばの学び手を育てる　国語単元学習の新展開Ⅳ　小学校高学年編』、東洋館出版

Ⅳ　社会文化的実践としての創作
――「創作文集」・「ライティング・ワークショップ」――

住田　勝

一　はじめに――創作活動としての「文集」を編むこと――

教室の内外で、子どもたちが一心に物語創作に打ちこみ、一人ひとりが小さな小説家になったかのように振る舞う。そうした言語活動を、国語科学習指導として作り出していく営みの一つに、「創作文集」の取り組みや、いわゆる「ライティング・ワークショップ」と呼ばれる取り組みが存在している。このような実践が備えている重要な特徴は、子どもたち一人ひとりの物語を書く活動が、教室という小さな共同体における、社会的（共時的）な、そして文化的（通時的）な相互作用によって足場がけされ、促進され、構成されているということである。

本稿のねらいは、子どもたちの創作作文活動が、どのような社会文化的状況の中で成立し、促進されるのか、ということを明らかにすることである。そのために、「創作文集」を教室の営みとして編みなした実践や、子どもたちが、自らを「小さな作家」になぞらえながら、小さな「文壇」を構成して、相互に刺激し合いながら創作活動を展開する実践を分析対象とする。それはたとえば、小川利雄の『ぼくらにも書かせて　小学生と童話のせかい』（教育出版センター、一九七三）やプロジェクト・ワークショップ編『作家の時間――「書く」ことが好きになる教え方・

学び方【実践編】』（新評論、二〇〇八）といった実践である。この二つは、出版された年代もかけ離れ、その実践の生まれた文脈は異なっている。しかし、いずれも、教室という子どもたちが社会生活を営む文脈において、物語テクストを産出する活動が組織されている点で共通している。

もう一つの視点としては、子どもたちが創作の「お手本」として、先行する物語テクストを位置づけ、その読みの過程と、それに触発された物語テクストの創作を有機的に関連づけた、青木幹勇（一九九六）や八木義仁（二〇〇七）の実践が持つ可能性である。創作する子どもたちにとって、彼ら彼女らに先行して存在する文学作品はいかなる意味を持つのか、それは創作活動をどのように促進するのか、という問題についての検討が必要である。

こうした問題に切り込むために、まず、社会文化的アプローチの観点からの物語テクスト創作の意義を理論的に素描することから始めることとする。

二　創作活動を支える二つのネットワーク

1　言語によって媒介される三つの機能——自己（鏡）、他者（窓）、仲間（広場）——

物語を書くこと、物語を読むことは、「自己を見つめること」（鏡）と「他者と出会うこと」（窓）と「仲間と分かち合うこと」（広場）の三項関係によって成立している。この三つの機能は、佐伯胖の提案した「学びのドーナッツ」と呼ばれるユニークな学習モデルとみごとに一致する（佐伯、一九九五）。このモデルは、「I」、「YOU」、「THEY」の三つの領域からなっている。この同心円状のモデルの中心には、一人ひとりの言語主体「I」が置かれている。これと対峙する「他者（対象世界）」が、「THEY」の領域である。このモデルのユニークなところは、この互いに対峙する「I」と「THEY」のあいだに、その両者を媒介する形で「YOU」の領域が差し挟まれて

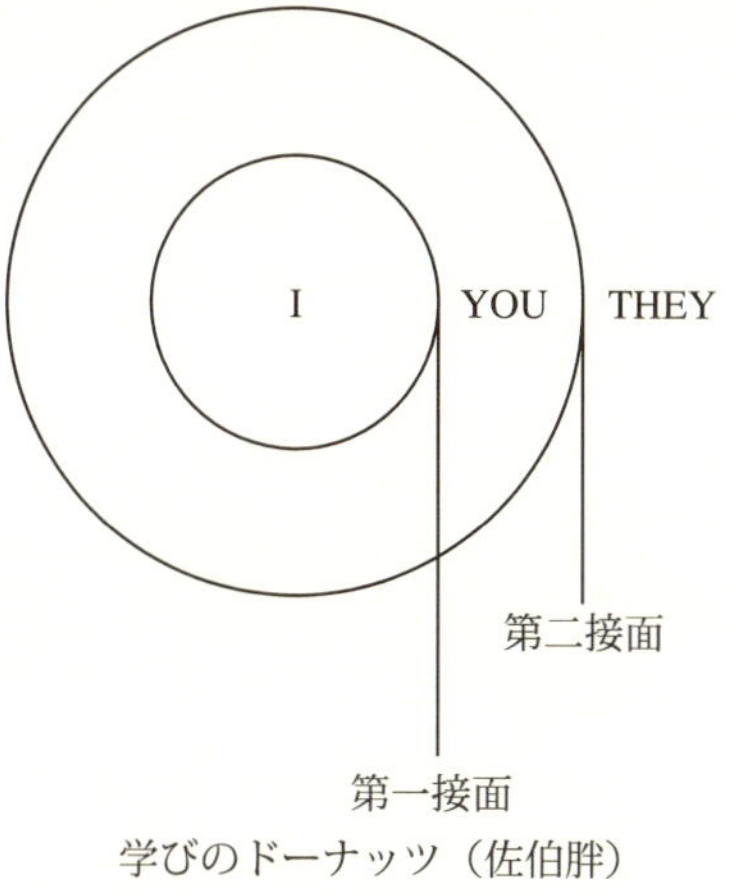

図１　佐伯（1995）学びのドーナッツ

いることである。すなわち、対象世界と自己が出会うためには、二人称的に関与することのできる言語共同体によって媒介される必要がある、ということである。つまり学びは、社会的に媒介されることによって構成されるのである。ところで、この図像には、二つの境界が描き込まれている。「第二接面」は、「THEY」と「YOU」の境界である。「第一接面」は、「YOU」と「I」との間である。

２　物語を書くことは、第二接面に立つことである――対象世界と対峙し対象世界を象る――

「書くこと」は、主体が直面する対象世界をつかみ直す「窓」として機能する。つまり、書くことを通して、対象世界は理解可能な機序を備えた姿に構造化される。言語は、対象世界（THEY）と主体（I）との間を媒介するフィルター（YOU）として機能し、直面する未知なる事態を、対峙可能な安全なものへと解毒する。「物語」は、その「接面」において重要な働きを担う。人間にとっての「物語」は、体験した出来事を有意味な経験として時間的空間的に構造化（再構成）し、自己確認として個人の記憶にとどめ、あるいは共同体の記憶として、歴史や神話といった共同体の自己確認としての典型的・普遍的物語話形として堆積したものだからだ。物語が備えている人物造形も、プロットも、馴致しがたい恐るべき対象世界との接触面、つまり「第二接面」で生起する、無慈悲な破壊とそれによってもたらされる痛みを受け止め、「物語的に」整序をつけるための言語による営みであろう。言うならば、「物語ること」は、私たちが対峙する対象世界を、受け止め、生き抜くために、絶えず解釈し続ける営みなのである。

つまり、原理的な意味において、「物語を語る」行為は、佐伯のドーナッツモデルが備える二つの境界面のうち、対象世界（THEY）と二人称的他者（YOU）の世界との接面、第二接面にその出発点を持ち、そこから「I」の側へ、不気味な闇としての「THEY」の持つ大切な意味を、なんとか届けようと試みる営みなのである。

3 「YOU」を構成する二つのネットワーク

この「YOU」の領域について、住田ら（二〇一六）は、共時的ネットワークとしての「もう一人の読者」と、通時的ネットワークとしての「もう一つのテクスト」との、二つのネットワークによって運営されていると考えた。

(1) もう一人の読者（共時的ネットワーク）

子どもたちが何らかの言語活動を行うとき、その現場にともに集う仲間とのあいだに形成されるネットワークがある。教室に集うほかの子どもたち、そこに出入りする教師を中心とする大人たち。子どもたちがさまざまな学びへと向かうとき、それぞれの世界認識や自己認識のヴィジョンを持ち寄り、分かち合う場が組織される。

これは、「物語を書く」ときにも重要である。「文集作り」が前提とされている創作活動においては、自分の作品は、ほかの誰かの作品とともに、何らかの編集作業を経て掲載される。そして、その文集を手に取り、他の友達の作品を相互に読み味わうのである。そこには、ごく小規模な「文壇」のような、ゆるやかな「批評空間」が成立しているという言い方も、可能かもしれない。

(2) もう一つのテクスト（通時的ネットワーク）

「YOU」には、もう一つのネットワークが存在している。それは、私たちが対象世界をつかみ直して「物語る」とき、またつかみ直された対象世界を、テクストを手がかりとして「読む」とき、その双方を力強く支える、「認知的道具」と関係がある。物語の話形（スキーマ）は、すでに述べたように、社会文化状況に歴史的に堆積した資産である。たとえば私たちが物語るヒーロー像は、「いま・ここ」にはいない、死者たちが連綿と再話しつづけた遺産なのである。

ここで述べてきた「もう一人の読者」と「もう一つのテクスト」。この二つのネットワークが共起し、有効裏に相互作用をなす交点において、協働的学びは機能する。その中で文学テクストは、その社会的機能、一種の「広場」（共時的ネットワーク）としての、あるいは「図書館」（通時的ネットワーク）としての機能を果たすのである。

三　小川利雄（一九七三）『ぼくらにも書かせて　小学生と童話のせかい』

小川（一九七三）は、一九七三年八月をさかのぼる二年間に、担任する学級において、さまざまな形で行われた、創作指導実践の成果をまとめたものである。三年生二学期から三学期にかけて編まれた創作学級文集「黄金山」をきっかけに、持ち上がりの四年生の終わりにかけて、折に触れ子どもたちが物語を創作する活動が、この学級において継続的に営まれた。この本には、その一連の創作作文実践の記録が、みごとな分析とともに活写されている。

小川の創作作文指導についての姿勢をまとめると、生活綴り方的リアリズムの「枠づけ」に抵抗し、かつ文芸主義的価値観による作品主義的「枠づけ」に抵抗することによって、生き生きと創作する子どもたちの「書く自由」をできるだけ保障する立場に立とうとしていることが見て取れる。そうした心くばりは、「創作の方法」に関するスタンスにも反映する。小川は、子どもたちの書く営みを制限することを警戒して、創作の方法についての指導に関しては、きわめて抑制的な姿勢を貫く。このスタンスは、この後紹介する『作家の時間』が、子どもたちに創作のためのスキルを継続的に提供する「ミニレッスン」というコンテンツを備えていることと、鋭く対照をなす。小川は、子どもたちに童話になりそうなモチーフについての示唆を与える程度で、ストーリーやプロット、作品の形態についても全く触れない態度で、この一連の創作作文指導を展開したのである。

では、子どもたちは、何を手がかりとして、自身の創作を展開していったのであろうか。それを支えたのが、「文集」という社会的文脈であり、次々と教室に持ち込まれるお互いの作品であった。

1　社会的営みとしての創作文集

小川は、子どもたちの書き上げた「作品」の取り扱いについて次のように述べている。

それは、できあがった作品は、それがどんな作品であってもこれを教室のみんなのものとし、みんなで大事にするということです。その方法として童話集を作ったり、読み合いをしたりということのほかに、いくつかの作品を国語の学習における読解や読書の教材として扱います。子どもたちは、友達や自分の作った教材で、読解や読書の学習をしていくのです。

（一九七三、二八〇頁）

ここで述べられていることが、言語（物語）の社会的機能の問題とつながっていることは自明であろう。一人ひとりが「小さな作家」として社会的に位置づけられ、互いが熱心な読者となって、それぞれの作品を分かち合う仲間として振る舞う。その相互承認をさらに活性化するための方途として、小川は、子どもの作品の読解・読書教材としての取り立てをも試みている。それが具体的にどのような話し合い過程として展開したのかは、残念ながら実践記録としては語られていないが、文学テクストの制作者であることと同時に、濃密な関係性の中で互いにその制作物を読み合う、支え合う読者としても振る舞う関係性を構築した、二年間の実践であったと言えよう。

こうしたそれぞれの書きなした文学テクストが、支え合う「文壇」（広場）に持ち寄られながら展開する小川実践の特徴をさらに明確にするために、その実践の起点となる創作文集『黄金山』成立のきっかけとなった、Fさんの日記を取り上げてみよう。

2　「Fさんの日記」——個人的営みを社会的営みへと接続すること——

一連の創作作文実践の起点には、小川が担任する学級のFさんという一人の児童がキーパーソンとして登場する。足かけ二年に及ぶ、一連の創作作文実践の起点に位置づく学級童話集『黄金山』の「あとがき」に引用された、Fさんの日記を紹介してみたい。

> 私が童話を書く時は、勉強とはちがった考えをきまってする。そうなると、空想や奇想天外なことが頭の中でゴチャゴチャして、まるで何ものかにあやつられているようにエンピツが動く。そうなると、まわりのことなどおかまいなし、どんどんどんどんエンピツを動かしてゆく。エンピツを持った私は、何かゆめのようなものに、だんだん引き込まれて行く。そうなると、何が何だかわからないうちにエンピツはどんどん動く。そのうちに、時間はどんどんたつ。時間はあっという間に過ぎて行く。
>
> （一九七三、一—二頁）

この日記がもとになって、「みんなも童話を作ろうということになりました」と小川は語る。日常的生活作文指導の一環で行われていたこの日記を、小川がクラスで公表することで、ほかの児童から「僕も書いてみたい」という反応が生まれる。Fさんの周辺にいる友達は、プライベートな時間に、彼女の作品を読む機会を与えられていた、愛読者であったかもしれない。しかし、クラスという共同体の中では、その小さな営みは、秘匿されていたとは言えないが、共有された「文化」ではなかった。教室の片隅で、「童話を書く」ことに時間を忘れ、楽しみを感じている、一人の書き手の個人的な営みを、クラスの公共の場に紹介し、社会的承認の機会を与えたのは、小川利雄という優れた国語教師であり、その実践の機微をつかまえた彼の判断であった。

子どもたちにとってみれば、「童話を書く」という営みは、手に取った童話本の「向こう側」の世界で活躍する、「作家」の領域に属する、手の届かない「THEY」側の行為である。だから小学校三年生の教室で机を並べている「仲間」の一人であるFさんの「童話作り」の告白は、その「THEY」的世界の行為を、一気に自分たちの手の届く「YOU」の領域へと移動させることになったのだ。Fさんという仲間の存在を「足場」として、子どもたちは、「小さな童話作家」として振る舞うことに夢中になっていくのである。Fさんとその周辺にだけ息づいていた小さな「文化」は、小川利雄という国語教師による強力な「足場がけ」によって社会文化的に媒介され、小川学級のすべての子どもたちを巻き込む、相対的に大きな「文化的実践」として振る舞い始めるのである。

このFさんの告白に端を発して、あっという間に教室全体を席巻する文化現象へと発展した「童話」作り。子どもたちを変えたキーワードはここに集約している。クラスの仲間であるFさんという「足場」。自分もまた、Fさんのような小さな「作家」になれるかもしれない。それが子どもたちの最初の童話創作を動機づけたものである。小川がさらにしかけた「童話集を作ろう」という働きかけは、そういう子どもたちの創作作文への関わり方を、決定的に変えていったものだと言うことができるだろう。自分たちが「作家」として関与し、参加する一冊の本（文集）を制作する、という「文化的創造」の脈絡が、第二の「足場」として差し入れられることによって、子どもたちの創作意欲や創作への問題意識が、新しいステージへとせり上がっていくことになる。つまり、彼ら彼女らの「窓／鏡」体験を強烈に刺激し、再活性化を促すもう一つの極、「広場」による強い促進が生まれたのである。小川学級で編まれることになった『黄金山』という学級童話集は、子どもたちが集い、「作家」でありつつ、互いの作品の「読者」として相互に承認を与え合う、小さな「社会」の機構を、具体的に突き動かす社会文化的媒介物なのである。

四　プロジェクト・ワークショップ編（二〇〇八）『作家の時間：『書く』ことが好きになる教え方・学び方【実践編】』

ここで取り上げようとしている『作家の時間』は、「シリーズ・ワークショップで学ぶ」という一連の出版企画の中で、『ライティング・ワークショップ――「書く」ことが好きになる教え方・学び方』（新評論、二〇〇八）という、海外の実践理論書の翻訳書をその姉妹編として成立している。海外の先進的な取り組みの翻訳紹介を先行して行い、それを承けて、我が国の実際の国語教室において、実践を試みた様相を具体的にレポートし、「ライティング・ワークショップ」を、現実の国語教室に持ち込んで運営するための手引き書として編まれたものである。

この一連の取り組みのキーワードである「ワークショップ」ということばは、言うまでもなく九〇年代以降の社会文化的アプローチの中でさまざまに提案されてきた学習理論の一つとしての「認知的徒弟制」（正統的周辺参加論）を、その淵源として持つ。このような文脈に、「作家の時間」という取り組みをおいてみると、なぜタイトルが『作家の時間』と名付けられたのか、という問題への答えが見えてくる。つまり、「書くこと」の社会文化的意味付けは、「作家になって書こう」というスローガンになるはずだからだ。ここには、『ライティング・ワークショップ』（二〇〇二）の著者であるFretcherとPortalupiが、繰り返し、通常の作文の授業を批判しながら語る、問題が横たわっている。すなわち、教師によって、特定のスキルを習得するための課題を与えられ、教師の占有する評価基準によって一方的に評定される、通常の「作文の授業」への社会文化的アプローチ、つまり「ワークショップ」的なアプローチによる異議申し立てなのである。

1　子どもは書きたいことを書く

それゆえライティングワークショップの取り組みにおいては、子どもたち自身によって「何を書くのか？」が選択され、決定される。もちろん「書きたいこと」が見つからない子どもへのケアは、周到である。「書けそうなこと」ワークシートを用いた、日常的な題材集めの支援。「イメージマップ」を活用した、連想的・拡散的な思考を刺激する思考ツール。「タイムライン」という線条的思考を活性化する思考ツールの利用を通して、お話のタネを具体化することをねらう。また、「カンファランス」は、「書けそうなこと」で困っている子どもたちへの直接的な関与の場として重要な役割を担う。これらの取り組みは、「ＹＯＵ」領域において生成される、社会文化的足場がけそのものである。

2　教師はファシリテーターとして、読者として、そして書き手として子どもの傍らに立つ

そうしたさまざまな「足場がけ」の中で、「教師」の立ち位置こそが、この実践を特徴付けるものであろう。「作家の時間」における教師は、「ファシリテーター」として子どもたちの傍に立つ。「子どもたちをファシリテートする「ミニレッスン」を通して、教師は学びの状況を枠づけていく。この実践が「作家ごっこ」であるとすると、その「ごっこ」の準拠枠を制定する役割を教師が担うのである。

しかし、教師は「作家ごっこ」の管理人にとどまらない。「カンファランス」の機会を通して、子どもたちの生成するテクストを賞味（appreciate）し、反応する「よき読者」として、「作家」たちの傍に立つ。子どもたちが「作家の時間」を生きるためには、その作家の紡いだことばを受け止める、優れた読者が存在していることが重要である。さらに言うと、「カンファランス」は、子どもたちが書き悩んでいる局面で設定されることが多い。教師は、もう一人の書き手として、書きつつある子どもの立場に寄り添い、「こんな風に書いてみたら」と支援を行うのである。

3　「ライティング・ワークショップ（作家の時間）」の概要

「作家の時間」というワークショップの構造は、二つの歯車によって構成されている。子どもたちが「作家の時間」として過ごす一時間の展開が、この実践の小さな歯車である。そして、そうした一時間ごとの取り組みによって、少しずつ動かされていく大きな歯車に当たるのが、「書くサイクル（authoring cycle）」である。

（1）大きな歯車：文化的創造への参加としての「書くサイクル（authoring cycle）」

図2は、「作家の時間」を支える「大きな歯車」としての「書くサイクル」の図式である。この図にこそ、「作家の時間」という営みが、「文化創造への参加」という性格を付与されている根拠が見て取れる。このサイクルの四隅には、「書く前の段階（リハーサルする／ブレインストーミングをする）」、「下書きをする」、「修正をする」、「校正をする」といった、わが国でもおなじみの作文を書く活動が布置されている。この図のおもしろいところは、「校正する」からサイクルの外側に伸びる点線部分と、その先に、「出版をする（Publish）」という活動が置かれている点である。完成を見た子どもたちの清書された「作品」は、印刷され、製本され、「作品集」として教室内外に「発信」されるのである。この一定の範囲の読者に向けて、子どもたちの作品が「発信」されることを、

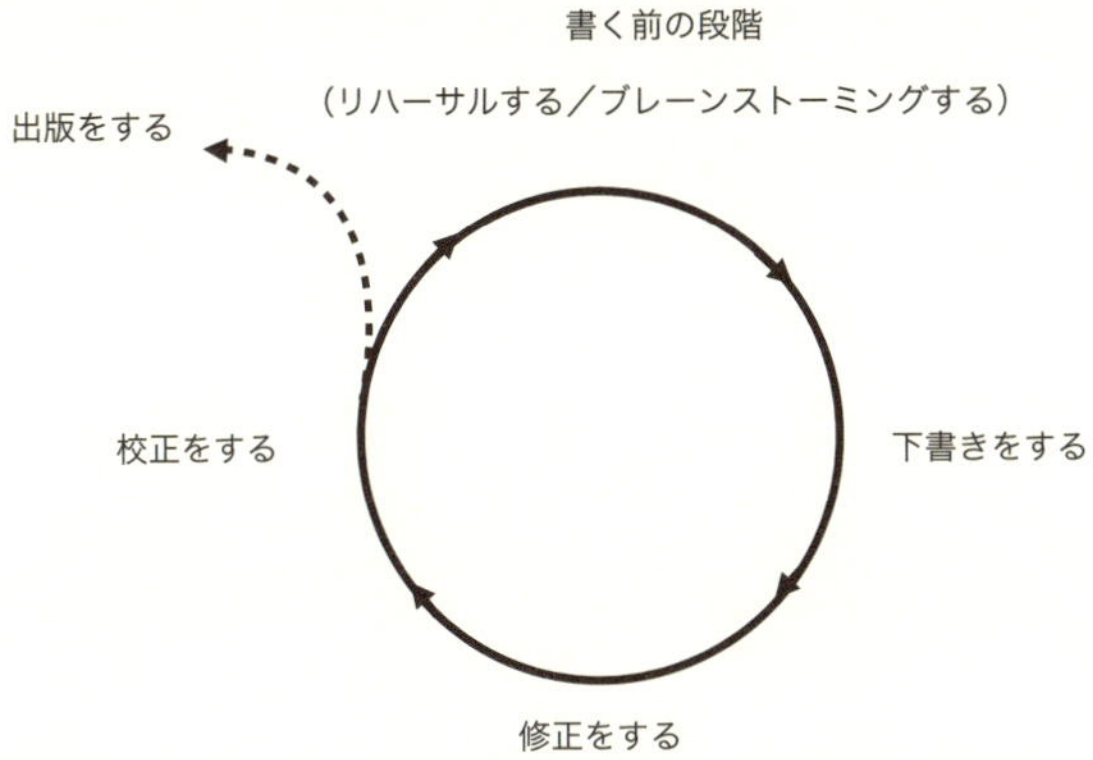

図2 Fletcher, R. & Portalupi, J.（2001）書くサイクル

「ライティング・ワークショップ」の営みにおいては「出版」と呼んでいる。つまりそれは、これまで「カンファランス」によって未完成作品を読み合ってきた仲間や教師に加えて、保護者や他の教室の仲間や教師たちによっても、その「作品」が読まれるということを意味している。仲間内の安定した「ＹＯＵ」的共同体内での関係が、より広い範囲の読者に差し向けられる形で「発信」されることになるのである。子どもたちが取り組む「書くサイクル」には、常に教師や仲間から足場が提供され続ける。それを踏み台にして、一人ひとりの子どもたちは、この「書くサイクル」を力強く回していく。その回転運動をその外部から支えるのが、「出版」という行為の先にいる、読者の存在なのである。

(2) 小さな歯車：「ライティング・ワークショップ（作家の時間）」の一時間の展開

「作家の時間」の一時間（四五分）の流れは、「ミニレッスン（五～一〇分）」、「書く」、「カンファランス（書くこととカンファランスをあわせて三〇分）」、「共有（五～一〇分）」となっている。「作家の時間」の一時間の流れの中で注目すべき活動は、「ミニレッスン」と「カンファランス」である。言うまでもなく、前者が「もう一つのテクスト」との出会いの場であり、後者が「もう一人の読者（書き手）」との協働の場である。

①「もう一つのテクスト」との出会いとしての「ミニレッスン」

「ミニレッスン」は、すべての「作家の時間」のはじまりのところでおこなわれる、五分から一〇分ほどの、その名の通り、小さなレッスンである。『ライティング・ワークショップ』（二〇〇二）では、「ミニレッスン」は、「ワークショップの進め方に関すること」、「書くプロセスに関すること」、「質の高い文に関すること」、「校正のスキルに関すること」（二二三頁）といった内容を含んでいると述べられている。

このように「ミニレッスン」は、子どもたちの「物語を創作する」活動に、その活動を促進する可能性のある、子どもたちに先行する、社会文化資産を挿入する営みである。それは、子どもたちの「いま・ここ」の文脈に、「過去の時間」を接続し、その過去の創作行為から抽出された「書くための知恵」を、子どもたちの手の届く範囲に置く行為である。こうした通時的な媒介性こそが、「作家の時間」における「ミニレッスン」の機能なのである。

(4)「もう一人の読者(書き手)」との協働の場としての「カンファランス」

「カンファランス」については、「自分の作品を誰かに読んでもらい、一緒に作品をよくしていくための話し合いを行うこと」(五〇頁)と定義されている。

① 教師とのカンファランス

書き続ける活動において生まれるつまづきや迷いに出会って筆が止まった子どもに対して、教師はすでに述べたように、一人の読者として個別に関与していく。そして、その表現に社会的承認を与えることばがけを行う。具体的には、「質問する」、「インタビューする」、「ブレイン・ストーミングする」、「イメージマップをつくる」、「声に出して読む」、「本を紹介する」、「タイムラインを使う」、「近くにいる子どもや仲良しの子どもに協力してもらう」、「グループでカンファランスを行う」、「教師がカンファランスしているところを見せる」といった営みである。つまり、問題解決の糸口になるような認知的道具を「もう一つのテクスト」として差し出したり、他の子どもたちとの関係を切り結ぶ「もう一人の読者(書き手)」との関係を賦活したりする。

② ピアカンファランス

こうした教師とのカンファランスだけではなく、当然のことながら、子どもたち同士によるカンファランスも数多く生成される。子ども同士の相互作用的なカンファランスを組織するに当たって、「作家の時間」では、「大切な友達(批判的な友人)」という方略が提案されている。それは、「❶わからないことをはっきりさせるための質問をする。」、「❷よい点を指摘する。」、「❸改善のための質問をする。」、「❹ラブレター(好意的で建設的なメッセージ)を書く。」(六九頁)といった、具体的な活動を支援する手引きによって促されている。

こうした相互作用的なカンファランスは、お互いがお互いの「よき読者」としてそれぞれの「作品」を賞味し、かつ、それぞれが「書き手」として、苦心している者同士として、意見を言い合うという二重の態度によって支えられている。もちろん、子どもたち同士で営まれるピアカンファランスの質を保証するのは、他でもなく教師とのカンファランスである。教師との対話を通して経験したカンファランスを、足場として活用しながら、彼ら彼女らは、自らが「大切な友達」として振る舞おうとするのである。

このように、「ライティング・ワークショップ」において子どもたちは、「ミニレッスン」によって「もう一つのテクスト」との計画的、系統的な出会いを足場がけされながら、「もう一つの読者」と、「カンファランス」によってつながることで、「読み手」でありつつ「書き手」である協働の学びへと巻き込まれていくのである。

五　社会文化的アプローチとしての『ぼくらにも書かせて』と『作家の時間』

『ぼくらにも書かせて』と『作家の時間』には、いくつかの共通点を見いだすことができた。

たとえば、『ぼくらにも書かせて』というタイトルが如実に語るように、小川実践の問題意識は、作家の専有物であると見なされていた「童話の創作」を、子どもたちの活動として、つまり「文化的創造への参加」という行為として、教室に作り出すことを試みたものであった。それは『作家の時間』という表題を掲げたプロジェクト・ワークショップの問題意識と、ほぼ相似形をなすと言うことができるだろう。教室を文化が編みなされる最前線（フロンティア）と見なすこと。そこで営まれる子どもの営みは、大人からすると、ただの未熟な、不完全な「作家ごっこ」に見えるかもしれない。しかし、そうした個々の創作活動が生まれ、相互に足場を与え合い、賞味し合う関係性が不断に行われる関係の系（共同体）の全体こそが、この二つの実践に共通する真正の学びの本質なのである。

一九七〇年代の実践である『ぼくらにも書かせて』に見えにくかったのは、子どもの書く過程、教師の子どもたちの書く活動への関与の様相、また小さな「作家」たちの相互作用の様相である。二〇〇〇年代の取り組みである『作家の時間』が語るのは、まさにそうした様相である。子どもたちの「作品」そのものではなく、子どもたちの「書くサイクル」に、どのような社会文化的足場がけがなされていくのかを、構造的に明確に記述しているのである。

六　「作家ごっこ」の意味：文学作品の読みと創作を「つなぐ学習」

さて、ここまで概観した二つの創作活動を組織する実践を語る際に、私は意図的に「作家ごっこ」ということばを用いてきた。それは、これらの取り組みの不完全さにさし向けられた批判のことばではもちろんない。しかし、そこには本格的な創作、作家が執り行う創作活動との差異を明確にしておきたいという意図が存在してる。

大岡昇平が『野火』を書いたとき、野坂昭如が『凧になったお母さん』を書いたとき、彼らが立っていたのは、私たちが知っている世界、ことばによって繰り返し象られた安定した世界の外れである。ことばによって切り取ることのできない「闇」の縁に立つことを余儀なくされた一人の人間として、その「闇」をことばにしようとすることこそが創作の極限の姿なのではないか。作家が立つ地平は、そうした「光」と「闇」の接合点に生まれる「第二接面」なのである。

この論考で、子どもたちの創作活動を「作家ごっこ」と積極的に呼びなしてきた、最も大きな理由がここにある。つまり、子どもたちが教室で体験する創作活動には、「ごっこ」という安全弁が必要だからである。「ごっこ」とは、苛烈で、無情な「他者」（ＴＨＥＹ）と出会う痛みを、遊戯的な虚構を介して解毒する営みである。人間が世界と向き合い、受けとめるために欠くことのできない、持って生まれた表象の力に基づいた行為である。つまり、認識主体を世界から守りつつ、世界と対峙させるための方略である。子どもにとって「ごっこ」は、教室において遂行している営みの（近接項）の向こう側に広がる、より本格的で厳しい、「THEY」の世界（遠接項）を、媒介的、間接的に把握する有力な身ごなしなのである。教室内での安全な創作遊戯。それは明らかに「第一接面」側に、安全に安定した状態で設えられる必要があるということである。

とすると、そうした創作遊戯の文脈で考慮すべき、重要な実践領域について触れる必要があるということである。それは、すでに語られた物語の再話を軸とした活動である。さまざまな先行実践があるが、ここでは青木幹勇の提案と、その実践的提案を受けて発展的に生まれた、八木義仁の創作活動実践を取り上げることとする。

七　青木幹勇（一九九六）『子どもが甦る詩と作文　自由な想像＝虚構＝表現』

青木幹勇の「虚構の作文」への姿勢は、小川利雄の問題意識とかなり通底している。すなわち、わが国作文教育の中心であった生活作文の軛を緩め、子どもたちの空想、想像を展開する方途としての「虚構の作文」の可能性を模索している点である。しかし、小川が取り組んだ、子どもたちの「童話を書きたい」という潜在的な欲動に火をつけ、創作活動が展開する社会的交流の場をしつらえていった方向と、青木が探究したそれは、次の点で明確に異なっている。それは青木の探究した「虚構の作文」（創作作文）指導が、物語テクストの読みとの関連において構想されているということである。これこそが、『書きながら読む』（明治図書、一九六八）から『第三の書く　読むために書く　書くために読む』（国土社、一九八六）へと続く、国語教育実践史の一ページを割いて語られるべき、青木幹勇の国語教育実践理論の中核をなす取り組みである。

こうした取り組みへと彼を誘った問題意識の基底には、彼自身も長年の国語教育実践を通して関与してきた、文学の読みの授業において掲げられ続けてきた、「深く・豊かに」というスローガンへの疑義がある。子どもたちの物語テクストとの関わりが、深く豊かなものへと変容するためには、読んでいるテクストに関連付けられた、なんらかの表現活動が必要なのではないか。こうした問題意識から出発し、青木は、読むことの学習指導に「書くこと」を有機的に関連づける実践方法論を提案していく。彼は、その取り組みを、「虚構の作文」と呼んだ。

1　「虚構の作文」の実際

青木の掲げる「虚構の作文」の一例として、「かさじぞう」（瀬田貞二再話）を用いた取り組みを紹介しよう。青木は、「かさじぞう」のおじいさんとおばあさんの会話の場面をおさえた上で、子どもたちに呼びかける。「そこで勉強だ。みなさん一人一人がおじいさんになってもらいます。そして、朝からのことを、おばあさんに話したように、書いてもらいます。」（一九九六、二二頁）

こうした働きかけによって産出された「虚構の作文」は、次のようなものである。

（B）「あー、あの村はずれのじぞうさまですか。ええ、よう知ってます。それじゃあ、あのじぞうさまにかさをあげたのですか。」
「そうなのじゃ、わしが、

「おきのどくなことじゃ」

といったら、にこっとなさった。わしはとてもうれしくなって、かさをかぶせてあげようとしたのじゃ。でも、どうしたとおもう。ばあさんや。」

「さあ、わからんなあ。」

「それはまあ、かさのかずのことじゃが、きのうは、五つしか作らなかったからなあ、じぞうさまのかずに、一つたりなかったのじゃ。そこで、わしのをあげたら、じぞうさまはなあ、えしゃくをしてくれたんじゃよ。わしはとても、もったいなくてなあ。」

「それはいいことをなさったなあ、じいさん。」

（一九九六、一〇三—一〇四頁）

原作の会話部分を大幅に押し広げ、今日一日、家を出てからの顚末を語るじさまの生き生きとした語り口と、それをほほと笑いながら共感的に受け止め、じさまの喜びと満足を共有していくばさまの応答の語り口が、みごとな会話体として記述されている。

2　青木幹勇「虚構の作文」の特質

小川実践は、「もう一人の読者」、つまり創作作文を読み合う仲間との共時的ネットワークを活性化することによって成立していた。しかし青木の実践は、子どもたちの読みの学習の文脈に現前する物語教材を、子どもたちが物語創作に従事するための「足場」、つまり文字通り「もう一つのテクスト」として活用するのである。「ライティング・ワークショップ」と青木の実践の違いもまた、顕在化してくる。「ライティング・ワークショップ」において重要な役割を担っていた、「もう一つのテクスト」（通時的ネットワーク）としての「ミニレッスン」は、子どもたちが直面する物語のアイディア（ＴＨＥＹ）と、それをなんとか物語言語として形成しようとする「小さな作家」（Ｉ）との間にさし入れる「認知的道具」を、取り立て指導の形で子どもたちに提供することであった。こうしたスキルの取り立て指導は、系統的計画的なプログラムを構成しやすいという大きなメリットの反面、提供されたスキルを使おうとする子どもたちの効用感と、なかなかつながらない面もある。「物語を動かしていくための「認知的道具」としてのスキルは、それがどのように振る舞い、どのように物語世界を構築するパワーを発揮するのか、という機能的側面が耕されない限り、実践的力を持ち得ないということが言えるだろう。

青木実践が取り組んだのは、まさに物語を動かす文法が、生きて働いている「現場」に、子どもたちを巻き込むことであった。それは物語の読みのスキルを取り立て、与えることでは成立しにくい学習である。つまりそこに文学として生きて働いている機構に、書き手として滑り込むことで可能になる学びである。

青木の「虚構の作文」実践が一つの完成形として花開いたのは、彼が常勤の国語教師を退いて後、日本各地の公開研究会等で、彼自身が指導者として飛び込みで実施した、提案授業の中であったと言ってよい。そしてこのことは、青木の一回きりの魅力的な実践が、その周辺に多くのフォロワーを産み出したということを意味している。彼は鋭利な理論を武器にするのではなく、参観者や、学級担任に向けて、わくわくするような授業を通して語りかけた。何より、彼の授業に出会った子どもたちが作り出した、生き生きとした「虚構の作文」によって、多くの実践者を励まし、実践への勇気を与えたのである。彼は「種まく人」の一人であり、彼が一期一会に出会った子どもたちや教師の中から芽吹いた、優れた実践が生み出されていった。

八　八木義仁編（二〇〇七）『4年1組版　車のいろは空のいろ』

青木（一九九六）には、「虚構の作文」に関する飛び込みの提案授業の具体事例がいくつか納められている。その中に、「大阪国語教育者協議会」が主催する「国語教育研究大会」（一九九三年一一月二一日）において行われた「虚構の詩を書く」授業実践がある。秋原秀夫の「すずめ」という詩を用いて、詩の読解から、新たな虚構の詩の創作に至る提案授業であった。その授業が行われた大阪教育大学附属天王寺小学校の学級担任をしていたのが、八木義仁である。彼のクラスで青木が詩の創作の授業を行ってから一〇年後、八木の学級で編まれた創作文集が『4年1組版　車のいろは空のいろ』である。そのタイトルから明らかなように、この創作文集は、あまんきみこの代表作『車のいろは空のいろ』を先行テクストとして、その舞台やキャラクター、基本的な筋立て等を生かしながら、4年1組の子どもたちが「小さな作家」となって綴った、創作短編集である。

1　あまんきみこ氏へ贈呈された文集：社会文化的実践の場のデザイン

創作文集『4年1組版　車のいろは空のいろ』の表紙をめくると、一枚の写真が掲げられている。この文集を指導した八木先生から、この文集を手わたされ、にこやかな笑顔を浮かべているのは、あまんきみこその人である。つまり、この『4年1組版』に参加した子どもたちは、その創作の向こう側に、自分の綴っているこの作品が、原作者に差し出され、その目に触れるという着地点を見ていたということである。この設えは、子どもたちの言語活動に、社会文化的実践としての真正な意味を与えることになったはずである。松井五郎とすてきな空いろのタクシーの生み出す、不思議なお話の作者との「対話」の場に、自分の表現が置かれる。そうした社会的文脈の中に、子どもたちの創作活動は枠づけられ、その文脈によって、彼ら彼女らの創作活動は背中を押され、生き生きとした「書く意味」を与えられたのであった。

2　季節をめぐる連作物語

目次を見ると、全部で四〇編の小話が並んでいる。八木学級4年1組四〇名の子どもたちの作品が一つずつ集成された文集である。この取り組みが、子どもたちに意欲的な主体的な取り組みを賦活したさまざまな要因の一つとして、季節をめぐる連作という、原作が備える重要な構成原理があげられるだろう。原作『車のいろは空のいろ』

には、タクシー運転手松井五郎（中心人物）と、彼が乗車する「空いろのタクシー」に乗り合わせる、不思議なお客との間に起こる不思議な出来事が、八編の小話に構成されておさめられている。そしてそのそれぞれの小話は、たとえば、春の初めの第一話「小さなお客さん」に始まり、第八話「本日は雪天なり」の真冬の季節の物語で結ばれるというふうに、季節をめぐる短編連作の形で構成されている。

この原作『車のいろは空のいろ』の連作構成を踏まえるように、4年1組版も「春の不思議な出来事」（A・N）に始まり、冬の物語である「マジックみたいなお客さん」（R・Y）で閉じられている。この創作活動の文脈に、子どもたちのそれぞれの作品を規定する要因として、原作『車のいろは空のいろ』の、めぐる季節によって分節された時間構造があること。また「文集」として、めいめいの作品が編集される時の原理として、原作が持つ連作の構成原理が、きちんと踏まえられていることが見て取れる。連作小話の一つを創作して、あまんさんの原作に、「小さな作家」として参加する。この原作が持つ時間の流れは、その参加を容易にするフックとして機能していたと言えるだろう。

3　連作効果：繰り返される基本プロット

『車のいろは空のいろ』は、松井五郎（中心人物）が、空色のタクシー（キーアイテム）に乗務する、自然豊かな地方都市（舞台）という基本設定を、すべての小話において共通して持っている。そして、それぞれの物語は、そのタクシーに尋常ならざるお客（対人物）が乗り込んでくることで発火する。物語の小道具としての「タクシー」という装置は、次々と新奇な登場人物を招き入れる場として重要な意味を持っている。例外はあるけれども、その尋常ならざる対人物は、人間の姿をしているが、本当は人間ではない動物（異類）である。この作品が子どもたちを「書き手としての参加」へと誘うのは、こうした基本文法が明確であることにその根拠があるだろう。子どもたちが、一人の読者として、それぞれの小話を、そうした基本形のバージョンとして見る分析の視点を持つことによって、その別バージョンを考えてみたくなるよう、アフォードされるのである。つまり、子どもたちは、単なる物語の享受者として作品を味わうことのみならず、物語の方法を意識することによって、「作り手として読む」営みへと足を踏み入れることになる。

子どもたちの作品のプロットを見ると、教科書に載っている「白いぼうし」の影響が最も強く、ついで、「小さなお客さん」、「山ねこ、おことわり」、「くましんし」から展開のアイディアをもらい、適宜それを複合させながらプロットを構築しているようである。「白いぼうし」が、タクシー車内に、不思議な女の子（対人物）が現れ、松井さんの日常を侵犯していくエブリディマジックの形を採るのに対して、「山ねこ、おことわり」は、松井さんが山ねこの正体を隠す若いしんし（対人物）に連れ出され、動物たちの暮らす別世界へとたどり着き、事件を解決して帰還する「行きて帰りし物語」の構造である。「小さなお客さん」は、「白いぼうし」とプロット自体は似ているが、対人物である異類と松井さんとの出会い、タクシーに乗せる経緯が、子どもたちの物語創作に重要なアイディアを与えたらしく、多くの子どもの物語の発火点に採用されていた。

4　対人物の人物造形

子どもたちが、松井五郎のタクシーに乗せようとする人物には、いくつかの傾向が見て取れた。一つは、子ども。「白いぼうし」の女の子。「小さなお客さん」の子ども（兄弟）。「山猫おことわり」「くましんし」の紳士。これらの原作の強い影響のもと、子どもたちの対人物造形はなされたようだ。原作に登場しないタイプの対人物のタイプは、「老人」である。多くのファンタジー系ＲＰＧに登場する「贈与者（賢者）」の役割を担う「老人」キャラクターは、中心人物の日常を侵犯する不思議な対人物の典型として、子どもたちの人口に膾炙している。上述の基本プロット（ストラテジー）を踏まえたとき、子どもたちが選択することのできる物語語彙（レパートリー）として、積極的に選び取られたものだと考えることができる。

5　冒頭と結末の工夫

「手をあげろ、さもないと……。」

　松井さんの空色のタクシーの後ろで、けいたいのテレビを見ていたお客が、

「あ、そこで止まってください。」

　その人は、ホテルの前でおりて行きました。

　四月の半ばごろ、すずしい風にゆられて、空色の車は走っています。（「カメといっしょ」（N・H））

　この物語の冒頭部には、明らかに「白いぼうし」の影響が見て取れる。言うまでもなく、「これはレモンのにおいですか。」というお客のしんしのセリフから物語が開かれていくように、この物語もお客を乗せた後ろの席からの声で始まる。そして、しんしと松井さんの会話に割り込むように、「今日は六月のはじめ……」と時間設定が挿入される。この作品の書き出しには、そうした原作「白いぼうし」から得た、読者に強い働きかけのある書き出しを取り入れようとする工夫の跡が見える。創作者である子どもの創意は、その声がお客自身の声ではなく、その手に握られた携帯電話のテレビドラマの声だということである。「白いぼうし」のオープニングの表現を枠組みとして利用しながら、現代的な小道具を持ち込むことで、新しい世界を作り出そうとしている。

　こうした「白いぼうし」を踏まえた冒頭部の創作は、「雨にぬれたお客さん」（J・S）、「まっかなリンゴ」（M・

K）の冒頭部にも色濃く表れている。

結末部の工夫として目を引くのは、「くましんし」のエンディングの影響である。タクシーに残された財布を届けるために、熊野熊吉邸を訪ねた松井さんが、屋敷に招き入れられ、熊野夫妻の歓待を受け、松井さんの空色のタクシーが走る「この町」の秘密が語られる物語である。故郷の山を離れた熊野氏を含めて、さまざまな出自を持つ動物たちが、人間の姿に身をやつして潜んでいる町。八話連作の第七話をなすこの物語が、あまんきみこが最初に発表した児童文学作品であることはよく知られている。『車のいろは空のいろ』という連作物語の山場に位置づく「くましんし」の結末部は、実に興味深い結び方となっている。くましんしの歓待を受け、上等なウィスキーを楽しんだ松井さんの耳には、夫妻の歌う、故郷を離れて流離する熊たちの苦しみと悲しみの歌が響く。感動とともに松井さんの意識は遠のく。


そのとき、はっと目がさめたように、松井さんは気がつきました。

さいふをわすれていったしんしの家の門のまえで、ひとりぼんやりとたっていました。家の人たちは、もうねむってしまったのでしょうか。なかなかでてきません。

松井さんは、ぼうしをかぶりなおして、もう一ど、つよくベルをおしました。

足音がちかづき、かんぬきをはずす音が、おもたそうにひびきました。そして、黒い鉄の門が、ずずずずっ、とひらきだしました。

そのとき、松井さんのしんぞうが、どきどきどきどきとはげしくなりはじめました。


（「くましんし」（あまんきみこ））

つまり、時間がループして、松井五郎が熊野熊吉の門の前に立ったあのときに、読者は引き戻され、開き始めた鉄扉を見つめながら、物語を読み終えることになる。その開いた先に、どんな人物がどんなふうに松井五郎を待ち受けているのか、それは、物語がここまで語ってきた松井さんを歓待し、自分たちの秘密を「紳士的に」語ってくれたあの夫婦だろうか。それとも……。この特徴的な時間構造によって、この物語のファンタジーに、独特のサスペンスが生み出される。このしかけに心を奪われた子どもは多い。先ほど取り上げた「カメといっしょ」（N・H）や、「のせる?のせない?松井さん」（R・N）の結末部は、「くましんし」に触発されたような時間ループする工夫がなされている。時間ループがないにせよ、物語の結末部を、いわゆる「寝落ち／夢落ち」によって始末しているケースが四十作品中、十二作品で認められた。不思議な世界（非日常世界）を、松井さんの日常世界へと再接続する工夫として、子どもたちにとってもよく知られた方法であることもあり、「くましんし」の方法は、子どもたちに広く受け入れられたのであろう。

このほかにも、不思議なお客の去った後に、そのお客の正体に結びつく何らかの「痕跡」（におい、毛、告白の手紙等々）が描かれ、不思議の真相を示唆して物語を閉じる方法も多く見られた。

6　解釈行為としての創作――「強力なもう一つのテクスト」によって支援された創作活動――

『4年1組版　車のいろは空のいろ』の創作の取り組みからは、子どもたちが、その創作の起点となったあまんきみこの『車のいろは空のいろ』を、実に詳細かつ的確に読解しているという事実が浮かび上がった。青木幹勇が、その晩年の取り組みの中で、自ら授業を実践することで提案した、「創作を通してより深く作品を読む」営みが、この八木学級の実践の中で、具体的に成立していることを確認することができた。

物語創作とは、それに取り組む子どもたちがお手本にした、優れた物語テクストの読みの成果である。あるいは、創作に向かう心が、物語テクストの分析や解釈をきわめて有効裏に刺激し、促進しているのである。青木幹勇が提唱し、八木義仁によって展開した、先行するテクストの読みを踏まえた「虚構の作文」実践が明らかにしたのは、子どもたちが「安全に」、「安定した」形で、つまり「第一接面」側で、取り組むことのできる創作活動を組織する上で、「先行するテクスト」の読みを、必然的な活動として織り込むことの有効性であった。文学テクストの読みとは、言語によって表象された、「YOU」化された（その意味で安全な）「THEY」の他者性を、自分の手持ちのことばで分析し、再話し、そのことによって意味づけ、自身の認識の年代記の中に織り込む行為である。作家がいのちを削りながら象った「THEY」体験の痕跡を、読者としての自己存在をかき乱されながらも、比較的安全にたどることができるのが読む営みである。この行為を通して意味のある世界として受け止めることのできた物語世界を、もう一歩積極的に解釈し直し、さらなる意味を紡ぎ出すための行為が、「虚構の作文」なのである。原作が備えていた、物語を物語として動かしてきた機構を、読み手として楽しんだ上で、今度はそれを用いて、新しい世界を造形する作り手として、原作品の前に立たせる学びの状況が作りなされているのである。そうすることで、子どもたちは、「第一接面」側に軸足を置きながらも、作家の苦闘の痕跡としての物語言説を足場として利用する。そして、少しだけ背伸びして、あちらの世界、「THEY」の世界へと指を伸ばすレッスンを試みることができるのである。

九　おわりに

教室において、なんらかの社会文化的実践、協働の学びの機構に寄りかかりながら、子どもたちの創作活動が組織される。ここまで概観してきた四つの実践が、等しく備えていた、学習指導上の特徴である。

繰り返しになるが、どの実践も、作家が挑む「THEY」の闇を、ことばでのぞき込むようなリスクを、子どもたちに積極的にとらせるようなしかけにはなっていない。「作家ごっこ」ということばを、この論考では不用意に用いた感があるが、私たち教師が、教室において、子どもたちに遂行するように求める社会文化的実践というのは、まさしく本質的な意味で「ごっこ」なのだと考えている。幼児期から児童期にかけての子どもの認識生活にとって、「ごっこ」は、世界を捉え、自己をつかみ直すための複雑な「象り」行為の中核に位置している。学校教育は、世界を象るための、よりシャープで合理的な認知的道具を、計画的に系統的に子どもたちに提供していくシステムである。言わば、世界と自己とを、社会的に共有できる様式で表象するための身のこなし方を、彼ら彼女らの「ごっこあそび」の身体技法に滑り込ませる営みである、と言うことができるだろう。その営みを通して、子どもの「ごっこ」の質と量は、いわゆる「真正の営み」へと連続体的に変容を遂げるのである。物語という、人類がことばとともに世界に在《あ》れ出でたときから、営々と私たちとともにあり、私たちを私たちとして象り、私たちにとっての世界を有意味な様式で象り、私たちが生まれ、死んでいくいのちの営みに、意味を与え続けている方法。それを書きなす力は、職業作家のみに許される特殊能力ではもちろんない。すべての子どもが物語を語る力を内面化することを、言語教育はその目標に含める義務がある。しかし、そのためのてだては、ここで述べたような「ごっこ」のグラデーションの中にあると言ってよい。青木幹勇がその実践感覚の中で喝破したように、テクストの読みの中で用いられ、読者として物語体験をなさしめた、ことばとの出会いなくして、そうしたことばを使い、世界を象る必然性もリアリティもないだろう。それぞれの実践が、潜在的にそうしたリアリティを保障する、なんらかのアクションを備えていたからこそ、ここで概観したような、みごとな子どもたちの創作活動が、いきいきと展開したのである。私たちがこれから先、教室において物語を書く行為を組織するとき、子どもたちはどのように物語を読んでいるのか、この教室で物語がどのように読まれているのか、という問題と、よりいっそう意識的に向き合う必要がある。それが、今回の論究を通して、私がつかみ得た、創作指導の最も重要なポイントなのである。

文献

青木幹勇（一九七六）『書きながら読む』、明治図書

青木幹勇（一九八六）『第三の書く――読む為に書く、書くために読む』、国土社

青木幹勇（一九九六）『子どもが甦る詩と作文　自由な想像＝虚構＝表現』、国土社

大阪教育大学附属天王寺小学校第一二九期4年1組、八木義仁編（二〇〇七）『4年1組版　車のいろは空のいろ』、私家版

小川利雄（一九七三）『ぼくらにも書かせて　小学生と童話のせかい』、教育出版センター

佐伯　胖（一九九五）『「学ぶ」ということの意味』、岩波書店

住田　勝、寺田守、田中智生、砂川誠司、中西淳、坂東智子（二〇一六）「社会文化的相互作用を通して構成される文学の学び：『ヴィゴツキースペース』を用いた『高瀬舟』の授業分析」、『国語科教育』第79集、三九―四六頁

プロジェクト・ワークショップ（二〇〇八）『作家の時間――『書く』ことが好きになる教え方・学び方【実践編】』、新評論

Fletcher, R. & Portalupi, J.（二〇〇一）"Writing workshop: The essential guide" Heinemann（ラルフ・フレッチャー＆ジョアン・ポータルピ、小坂敦子・吉田新一郎訳（二〇〇七）『ライティング・ワークショップ：『書く』ことが好きになる教え方・学び方』、新評論

V　アメリカにおける「物語」創作
――「ものの見方・考え方」を育てる内省と対話――

山元　隆春

一　はじめに

物語をつくるということは、書き手が書きながら自分のなかに築いた世界像を肉付けしていく行為であり、修正を繰り返しながら行われる、絶え間ない過程である。物語創作指導は、書き手を支援しながら、その過程に寄り添っていく営みである。その過程を通して書き手は「ものの見方・考え方」を手に入れる。

本章では、アメリカにおけるライティング・ワークショップで重んじられている「推敲」「編集」「出版」「フィードバック」に目を向ける。それらが「ものの見方・考え方」を育てる内省と対話をもたらす学びだからである。

二　日本におけるアメリカの作文教育研究の受容

一九八〇年代のアメリカの作文教育の変化を論じた堀江裕爾（一九九二）によれば、従来の「コンポジジョン理論」に基づく文章構成法は「分析的であり、あるスキル（技能）だけを取り立てた指導をおこなうもの」であって、「クリエイティブ・ライティング」という「創作を中心とする指導」も行われていたが、それも「ある作品の続きを書く」というように課題中心のものとなり、これらが「作文の書く楽しさを児童から奪ってしまった」という。これを踏まえて堀江は、こうした従来の指導法の問題点を克服するために、「作品」中心ではない、文章を書く「プロセス」を中心とした「プロセス・アプローチ」の作文指導法が提唱されたとする。とりわけ、堀江はドナルド・グレーブスの「面談法によるプロセス・アプローチ」(conference process approach)の重要性を指摘し、その実際を詳細に分析・検討した。グレーブスは、文章表現の指導過程に「面談」(conference)を組み込むことを提唱した。

堀江が「プロセス・アプローチ」を中心に考察した、アメリカの作文教育の一九八〇年代における「変化」は、やがて「ライティング・ワークショップ」(writing workshop)という指導形態を生み出すことになる。[1] 入部明子はライティング・ワークショップをいち早く紹介し、その実践の具体的な内容については、ラルフ・フレッチャーとジョアン・ポータルピの『ライティング・ワークショップ』で我が国でも多くの人が知ることになり、プロジェクトワークショップによる『作家の時間』にはその方法を使った、日本での物語創作の実践が展開されている。[2] 堀江が特に強調して紹介した「面談(カンファランス)」は、「ライティング・ワークショップ」でも重要な要素となっている。そして、グレーブスの研究と実践がその中核をなすものであることは間違いない。[3]

では、アメリカで、書き手の物語創作過程に寄り添う支援はどのように企てられているのか。

三　書いた物語を修正する過程で何が為されるのか
――バラード『物語が書けちゃうよ!――子どものための物語創作レシピ――』の場合――

アメリカの作家リサ・バラードが書いた『物語が書けちゃうよ!』(*You Can Write a Story! : A Story-Writing Recipe for Kids*)は、子ども向けの物語創作の「レシピ」である。本書は全編、子どもに語りかける調子で語られている。学校での教科書というよりも、著者の呼びかけに答えていけば、物語をつくり上げることができるように執筆された独習用テキストであり、次の14章で構成されている（「レシピ」であるから、章名にはすべて料理の比喩が使われている。以下、引用部はすべて筆者による訳出である）。

はじめに　物語創作レシピ／1章　主な材料／2章　特別の調味料／3章　カリカリと歯ごたえのよい登場人物たち／4章　ピリッとした設定／5章　ひと騒ぎ起こす／6章　料理を始めよう／7章　強火にする／8章　火からおろす／9章　食欲をそそるタイトル／10章　味見をする／11章　砂糖をひとつまみ／12章　会食／13章　まだお腹がすいてる？

それぞれ、取材（1・2章）、登場人物の造型（3章）、舞台設定（4章）、プロット設定（5章）、記述（6・7・8章）、タイトル設定（9章）、推敲（10章）、編集（11章）、批正（12章）のアイディアが収められている。随所に、物語創作のためのヒントとなる活動（activities）のページがある。そこに書かれていることは、作家であるバラードが、自分の頭のなかで実際に行うことを子どもたちのために公開しているようなものだ。

取材・選材→構想（プロットづくり）→記述という過程を経てひとたびつくられた物語を、自分自身で読み返したり、友だちと話し合ったりして、つくり直して共有するためのアイディアが第10章以下の内容であり、物語創作指導においてこの点を重視することは、その意義を考える上で大切である。

「味見をする」と題された10章の活動を検討してみよう。4段階の修正（推敲）の過程が扱われている。

●物語を修正する

ステップ1　自分の物語をどうしたらもっとよくできる？　自分で質問しながらできることがいくつかあるよ。自分の原稿を読み直して考えてみよう。

★私の物語の登場人物たちについて、読者はいろいろわかっているかな？
★物語の表現を詳しくするために五感を使っているかな？
★私の物語には、十分に行動が描かれているかな？
★この物語に書かれた問題は読者の注意を引くかな？
★主要人物は物語をとおしてずっと問題に取り組んでいるかな？
★物語が終わった時に、問題は全部片付いているかな？

ステップ2　物語を書き終えたら、修正の時間です。消しゴムを見つけておかなければならないのは今ですよ！　なぜ一行空きで書いてきたのかということもわかるはず。書き換えたり、付け加えたりするためだったのです。物語全体を読み直して、変えたいと思ったところを修正します。空けていた行に、新しい言葉や文を書き加えなさい。気に入らないところは削るといいよ。移動させたいときには矢印を使おう。もっといい言葉が思いついたら、消しゴムで消して新しい言葉を書こう。
ステップ3　原稿をもう一度読んでみよう。自分の物語がもっとよくなるまであきらめちゃだめ！
ステップ4　修正が終わったら、きみの荒削りな原稿が極上の原稿になっているよ！　消したり書いたりしてゴワゴワで読めなくなったら、新しい紙に書き写せばいい。そうすれば次の活動がやりやすくなるよ。

バラードは書き終えた物語を自分で読み返して、不十分なところを書き直したり、削ったり、付け加えたりして、よりよいものにすることを「味見」だとしている。これは、書き手自身が行う「推敲」の活動である。この過程を経て生み出された原稿を清書すれば、修正済みの物語が生まれることになる。しかし、バラードは、もう一つの段階を加える。「もうひと味加える」段階であり、「編集」の段階だ。「推敲」は書き手自身の活動だということになるが、「編集」となると他者の目で読んでもらう必要が生じる。相互評価の活動ということにもなるだろう。

たぶんきみは自分の編集者になってくれるよう、友だちにお願いすることになる。きみたち二人はそれぞれ自分自身の物語を書くことができる。そのうえで、お互いの物語を交換して編集するんだ。

自分の編集者に、助けてもらいたいことを伝えよう。そのための質問には次のようなものがある。

★この物語のなかで意味の通じないところはどこかな?
★この物語には十分な行動と葛藤があるかな?
★読み続けたくなった?
★登場人物についてよくわかったかな?
★結末に満足した?
★文字や表現に間違いはなかったかな?
★私の物語を気に入ったかな?

自分の編集者たちの言うことをよく聞いてね。彼らのアイディアはとてもすばらしいものだよ!　でも、あくまでも物語はきみ自身のものだ。きみがそうしたくなければ変える必要はないんだよ。

作家にとっての編集者は、その作家の文章をよりよいものにしてくれる存在である。[4] 編集者は、作家自身では気づくことのできない部分に目を向けてくれる。この「編集」の過程では、「推敲」では見つけられなかったことを友だちに指摘してもらい、物語にひと味加えてよりよいものにすることが目指される。

出版する場合には、この「編集」という過程が必須である。日本の作文指導では「共同批正」や教師による「指導」がこれに当たる。「共同批正」や「指導」によってできあがったものが前よりもよくなっていることは確かだが、書き手自身の所有感は損なわれてしまうことが多く、自分の文章が自分のものでないように感じられることが少なくない。バラードの示す「編集」は、「編集者」としての友だちからの助言を踏まえて、再度自分で文章をつくり直す契機になっている。これなら、他者の手を借りても、自分の文章に対する所有感が損なわれることはない。『物語が書けちゃうよ』には、このような「編集」を経て書き直した最終版を「出版」するための選択肢も示されている（12章）。ただしそこでは「出版する」とは言わずに「シェアする」という表現が使われている。

自分の書いた物語を本にする

新しく何枚かの紙を使います。自分の物語を新しく清書するのです。挿絵も付け加えたくなりますよね？　そうしたいなら、挿絵を描くスペースをちゃんと空けておかなくてはいけません。色のついた紙を使ってカヴァーを作りましょう。カヴァーの内側に物語を清書した紙をホチキスでとじるのです。

自分の書いた物語をコンピュータに入力する

コンピュータへの入力の仕方は勉強しましたか？　自分の書いた物語で練習してみましょう。入力したらプリントアウトしましょう。誰かに助けてもらって、それを友だちやおうちの人に、メールで送りましょう。

自分の書いた物語を読み聞かせする

自分の書いた物語の読み聞かせの練習をしましょう。それから、友だちやおうちの人を集めて、きみの読み聞かせを聞いてもらいます。映画を観るときみたいに、ポップコーンを出してあげてもいいよ！

自分の物語を録音する

テープレコーダーを持っているなら、自分の物語を音読して録音しよう。そのテープを、遠くに住んでいる友だちに送ってあげてもいいね。

自分の物語で人形劇を作る

人形やぬいぐるみを使って自分の作った物語を演じてみよう。友だちに助けてもらうといい。きみが物語を話して、友だちがそれを観てもいい。おもちゃ箱を探せば、人形の一つや二つはあるだろう。お弁当の紙箱や古靴下なんかを使って人形をつくっちゃってもいいね。

インターネットを使う

印刷物やウェブで自分の物語を見たくはないかい？　子どもの物語を出版してくれる雑誌には *Stone Soup* というのがあります。そのウェブサイトに行ってごらん。www.stonesoup.com だよ。そこに行けば、どんなふうに物語を投稿したらいいか書いてあります。他の雑誌やオンラインでの物語サイトや作文コンテストへのリンクも見つかるでしょう。

自分の物語をシェアするための他のやり方にはどんなものがあるか、考えてみようね？

「編集」まで為された物語だからこそ「シェアする」ことにそれほどのリスクを感じることはないだろう。また、「編集」済みの原稿であれば、ある程度の自信をもって、多くの人に読んでもらって反応を期待することもできるだろう。こうなると作家が作品を世に問うのと同じようなものだ。

「出版」にあたる「シェアする」ことで、物語創作の学習は終わると言えるだろう。しかし、『物語が書けちゃうよ』にはこの後にもう一つの章「まだお腹がすいてる？」（13章）が加えられている。

★休日についての物語を書く。
★自分の家族や友だちを登場人物にした物語を書く。
★きみが考えることのできる一番おもしろいことについての物語を書く。
★きみのオモチャの一つが生命をもったとして、それについての物語を書く。
★空欄を埋めてみよう。私は（　　　　　　　　　）についての物語がほしい。

発展的な課題が示されていると言うことはできるだろうが、「レシピ」を使って、一つの物語を書き終えることができたという充実感をバネにして、もっとたくさんの物語を書くことにチャレンジできるように、このような働きかけがなされている点が重要である。これらの課題は新たな物語創作のサイクルへの入口であると言えるだろう。バラードの本を出発点にしてそのような新たなサイクルに入っていく書き手たちは、バラードの「レシピ」を少しずつ自分の「物語」創作の方法としていく。「レシピ」を内化したと言える時点が、物語創作能力を彼らが身につけた時点だと言えるのであり、それは自立した書き手となったことを意味する。

四　書くためのミニ・レッスンの実際
――サラヴァロ『書くための方法についての本』「推敲」を中心に――

リサ・バラードの『物語が書けちゃうよ！』は料理のレシピになぞらえて、物語を「書くための方法」を子どもが使えるように構成された本であった。『物語が書けちゃうよ！』という「レシピ」に埋め込まれた「書くための方法」を子どもたちが内化していくためには、そうした「書くための方法」を明示的に扱う授業が必要となる。

ジェニファー・サラヴァロの『書くための方法についての本：技術をもった書き手を育てるためのガイド』（*The Writing Strategies Book: Your Everything Guide to Developing Skilled Writer*）には、子どもを自立した書き手にするための、書くための方法（writing strategies）が300例掲載されている。

しかし、本書はいわゆる『文章読本』ではなく、優れた書き手ならやっていることを分析して、子どもを優れた書き手として育てていくため「書くこと」の指導のあり方を探った本である。サラヴァロの言う書くための方法とは、書き方のコツというよりも、むしろ書くことの授業を面白くするためのアイディアであると言ってよい。それを内化すれば、文章を書く際に言葉を生み出すことのできるアイディアであり、言葉による「ものの見方・考え方」を具体化したものである。書くために意識的に使う「方法」をなぜ子どもに教えなくてはならないのか。

子どもたちは、一つの方法を学んだ後に、その方法を自力で使い続けなければならないということを理解しなければなりません。ですから、どの方法も使いやすくて、別の言い方でも言い換えられるような言葉で表現しておくことが大切です。自分の席に戻ってそれを見れば、今日も明日も、いま取り組んでいる作文にも、次に取り組む作文にも使えるようにするのです。こうして、その方法を何度も使えば、方法の使い方に慣れ、一つ一つの方法に特段の注意を払うことはなくなるのです。こうしてその方法は、意識することなく使えるものとなり、スキルとして自分のものになるのです。（一六頁。筆者訳出。以下同）

「書けない」「書くことが見つからない」という状況の克服のために「書くために意識的に使う方法」に習熟させる必要性を、サラヴァロは強調している。どのような「方法」をどのような条件で使えば書けるようになるのかということを実感させるためには書くために意識的に使う「方法」を指導のなかに組み入れていく必要がある。たとえば文章の推敲（elaboration）については次のような指導計画例が提示されている（ここでは「フィクションの物語」を扱うもののみを掲げる）。

第1週　フィクションの物語を書く。方法6.33（「あなたの登場人物はどんな会話をするのか？」）と6.14（「話さずに、見せて—感情」）を学んで実践する。

第2週　フィクションの物語を書く。場面設定を詳しくするために方法6.26（「場面設定の選択肢を探る」）、6.13（「話さずに、説明して—場所」）を学んで実践する。

第3週　フィクションの物語を書く。この週の最初のカンファランスでは、場面設定を詳しくする方法を再検討する。週後半で、登場人物の特徴を詳述するための方法6.20（「登場人物の外見を描く」）を学んで実践する。

第4週　教師の支援を受けながら、学習したすべての方法を修正して、フィクションの物語を書き終える。

第1週で、「フィクションの物語」の登場人物の描き方を工夫するために使われている「方法6.33」と「方法6.14」は次のようなものである。いずれも「修正」ないし「推敲」のためのミニ・レッスンである。

6.33　あなたの登場人物はどんな会話をするのか？

方法―自分のつくり出した登場人物を現実の人間だと考えてみよう。どんなふうに会話するのか詳しく考えてみよう（どんな声か、リズムはどうか、俗語や方言を使っているか、アクセントは）。ユニークな人物になるように、会話場面を考えたり、修正したりしてみよう。

授業の言葉―あなたのつくる物語の登場人物の一人ひとりは、特徴的な声をもっているはずです。会話の符号がなくても、誰が話しているのか読者にわかるように、はっきりと、違いがわかるようにしよう。自分の登場人物たちの会話をいろいろな角度から考えることができます。話し手の言葉の調子に注目しよう。その人物が短い簡単な発言をしたり、長い発言をしたりしたらどうなるか考えよう。また、俗語を使っているかどうかも考えてみよう。ありふれた状況で、登場人物の使う表現の仕方や、単語や語句を考えてみよう。また、アクセントや方言を登場人物がどんなふうに使うのかを考えたり、話し方がわかるように、実際に書いてみよう。

教えるコツ―いくつかの授業プランを書いてみよう。話す調子について、俗語について、方言について、等。

メンターを使う―『ジュディ・モード』シリーズ(5)が参考になる。ジュディがいつも好きなものに出会った時に使う「サイコー（Rare）に」という言葉を使うということを子どもたちに指摘してあげるといい。この言葉は、作者がこの人物のためにつくり出した言葉だが、他の本のなかや、実際に身の回りでは聞かない言葉だ。

促し―・自分の登場人物がどんなふうに話すのか考えよう。
・自分の書いた会話を見直そう。
・会話はどんなふうに変わったか？　自分の登場人物は生き生きとしてきたか？

自分の書いた物語の登場人物の「会話」を再検討し、人物像をよりいきいきとするためにどのような工夫をすればよいのかということを考えさせるミニ・レッスンである。物語のなかで「会話」の部分は、その登場人物の性格があらわれる。やさしいのか、こわいのか、とぼけているのか、しっかりしているのか、年齢はどのぐらいか、住む地域の言葉はどのようなものか、といったことを考えて書き直すことでその人物の性質がよりはっきりする。

では、登場人物の感情をより細やかに表現するためにはどうすればいいだろうか。状況や雰囲気をうまく伝えるためにはどうすればいいだろうか。物語の語り方の工夫をしていく必要がある。どういう言葉の使い方をすればそれが果たされるのか。「方法6.14」はそのことを扱うミニ・レッスンだ。

方法6.14　話さずに、説明して―感情

自分の原稿のなかに感情語を見つけよう。そして自問しよう。「そういう感情を持った時に自分はどういうふうに見えるのだろう?」　感情語を使わずに、他の言葉を使ってその感情を描写したり、説明しよう。

教えるコツ―この授業は、このプロセスで感情語（悲しい、頭にきた、ハッピーだ等）をどのように使うのかということを理解する手助けになる。他の方法も参考にして、より正確でわかりやすい表現ができるようにする。

メンターを使う―モー・ウィレムズの『トリクシーのくたくたウサギ』[6]の登場人物トリクシーを参考にする。まだ言葉をうまく話せないトリクシーは自分の伝えたいこと（ぬいぐるみの「くたくたうさぎ」をコインランドリーに置き忘れたこと）をお父さんがわかってくれないのにイライラしていたが、作者は「イライラした」という言葉は使っていない。トリクシーの様子をあらわすために「まるで、くたくたうさぎです」とか、「なきさけびました」といっている。そして、「う～ぎ～～」「う～た～　う～た～」「う～ぎ～」という言葉を使っている。

促し―・感情を言葉で説明しよう。そんなふうに感じるときの人の内面はどうなっているのだろうか?

・自分の文章に感情語を見つけることができる?
・感情について考えよう。　それはどんなものかな?
・感情を説明する言葉を一つ以上見つけよう。

とてもおもしろいのは、こういった「方法」シートを使いながら、物語を書くときの技術を子どもが習得できるように考えられているという点である。まるで、画家が、自分の作品に使う、部分の習作をするように、物語の部分の描き方を練習することができる。一言で「ぼくは悲しい」というよりも、「悲しい」ときに登場人物はどういう素振りを見せるものなのかということを、こうした活動を通して子どもは知ることになる。「話さずに、説明して」という方法は「1年から8年」のレベルに設定されていて、とても幅広い。小学生だけでなく、中学生にとっても大事な「方法」であると考えられる。

『書くための方法についての本』には、このようなミニ・レッスンの材料がふんだんに提示されている。もちろん、一回のミニ・レッスンで全員がそこで扱われた「方法」を使いこなすことができるようになるわけではない。サラヴァロも「一つの目標を学ぶことを生徒に教える場合、教師は、生徒がいつ既に学んだ方法を自力で使うことができているかとか、新しく学んだ方法を取り入れることができているかを見極めるために、継続的評価（形成的評価）を使うことになる」（一八頁）と言う。教師から生徒への「フィードバック」が重要となる。

書き手を促し、フィードバックを提供する時、私は必要最小限のことだけを言うように気を付けています。何段落についても話したり、強い言葉を使ったりして、割り込んだり、代わりにやってあげたくなりますが、生徒を運転席に押し込んだら、自分は動かずに、短いフレーズや簡単な発言しかしか言わなくなるのです。そうすれば、生徒はもっとたくさんのことをすることができて、もっと学ぶことを楽しめるようになります。あなたの受け持つ書き手たちをコーチしたり、促したり、彼らの作品にフィードバックを提供する時に、その究極の目標は、あなたのことをもう必要としない自立した書き手を育てることなのです。(一九頁)

フィードバックのために、どのような言葉をかけていけばよいのか。サラヴァロは「ありきたり」だとしながら、次のような例を挙げている(一九頁)。

私が生徒たちに提供するフィードバックは、以下のように、ありきたりのかたちのものです。
・ほめる—生徒がうまくできたことを言葉にする。(例—「掲示してある「言葉の表」をチェックしたから、発音しなくてもうまく書けたんだね。」)
・指示する—その子が何かをするように指示したり命令したりする。(「最後のところをもう一度読んで。そこをはっきりさせれば、読んだ人にもっと考えさせることができるよ。」)
・方向転換する—その子がいまやっていることを言葉にして、違ったことをやるように言ってあげる。(例—きみの知っていることを単純に並べて書いているね。まず、自分の書きたいことの見出しをつけてみようよ。それから、知っていることを書いていくんだ。)
・質問する—(例—「もっと詳しく定義することができるかな?」)
・書き出し方を教える—話しながら生徒をコーチングしたり、パートナーや作家クラブで学習したりしている時に、何か役に立つ言葉を言ってあげる。生徒はその書き出しの言葉を反復して、その文を完成させる。(例—「あるとき……があった。それから……があった。最後には……となった。」)

いずれも間接的・媒介的に、頭のなかにあることを言葉にするためのヒントを示すフィードバックである（「質問する」については何をするかが明らかなので、説明の言葉が省かれている）。子どもたちの書きたいことを引き出していくためには、少なくともこうした働きかけが必要となる。

五　おわりに

トーマス・ニューカークが『物語を生み出すマインド』で言うように、私たちが育てようとするのは物語を頭のなかで考えて語り出すことのできる知性である。「物語」を書くことで育つものとはまさにそれだ。バラードの『物語が書けちゃうよ！』も、サラヴァロの『書くためのさまざまな方法の本』も、子どもたちが「物語」を書くための手引き書である。だが、一つの物語を書いてそれだけで終わることをこれらの本が目指しているわけではない。サラヴァロは、多種多様な思考力を育てることが「物語」を生むと言っている。物語創作指導の各過程にそのきっかけはあるのだが、とくに、本章で扱った「推敲」「編集」「出版」そして教師の「フィードバック」は、そのような思考力の育成に大きく貢献するに違いない。

注

（1）　佐藤広子は「ライティング・ワークショップ」を「「書くこと」が好きになり、書き手として成長し、楽しんで自ら書く「自立した書き手」となることを目指す指導法」と定義し、「教師が子どもの作品を一方的に添削するのではなく、子どもの書くプロセスに寄り添い、カンファレンスを中心に指導していく」としている。同じく佐藤によれば「カンファレンス」とは「書き手が書きたい内容を明らかにし、どのように書いていくかを決定するために行われる対話や話し合い」である。寺井正憲他編『国

語科重要用語事典』（明治図書、二〇一五、一一六―一一七ページ）

（2）佐渡島紗織は、一九八〇年代から始まるこの動向を「Writing as a Process 運動の理念を継承」したものとして、その特徴である「個別指導やピア活動」が、今後の日本の「文章作成指導」においても成果を上げる可能性のあることを指摘している。佐渡島紗織（二〇一三）「書くこと（作文）の教育の比較教育学的研究に関する成果と展望」、全国大学国語教育学会編『国語科教育学研究の成果と展望Ⅱ』学芸図書、一三五ページ。

（3）ドナルド・グレーブスの言う面談の実際は、堀江の論考でも紹介されているが、次の文献にもDVD付録で詳しく示されている。Donald Graves and the Revolution in Children.s Writing（2013）*Children Want to Write*, Hinemann.　ちなみに、同書のタイトルを日本語にすると「子どもたちは書きたがっている」であり、カンファランスを通じて子どもたちの書きたいことをかたちにしようとしたグレーブスの文章表現指導に関する思想を端的にあらわしている。

（4）作家にとっての編集者の存在の大きさをテーマとした小説に、早見和真『小説王』（小学館、二〇一六）がある。また、A・スコット・バーグ、鈴木主税訳『名編集者パーキンズ』（草思社文庫、上下巻、二〇一五）はスコット・フィッツジェラルド等を世に出したマックスウェル・パーキンズの伝記で、編集者の生き方を濃厚に描いている。

（5）メーガン・マクドナルド作、ピーター・レイノルズ絵、宮坂宏美訳のシリーズで、小峰書店刊行。二〇〇六年から二〇一七年までに9巻刊行され、続刊も予定されている。「ジュディ」はそのヒロインである。

（6）モー・ウィレムズ、中川ひろたか訳『トリクシーのくたくたうさぎ』（ニイルブックス、二〇〇六）。引用文中のトリクシーに関する表現は中川訳を使った。

文献

入部明子（一九九六）『アメリカの表現教育とコンピュータ』、教育出版センター

プロジェクトワークショップ（二〇〇八）『「作家の時間」「書く」ことが好きなる教え方・学び方【実践編】』、新評論

ラルフ・フレッチャー&ジョアン・ポータルピ、小坂敦子・吉田新一郎訳（二〇〇七）『ライティング・ワークショップ――「書く」ことが好きになる教え方・学び方――』、新評論

Jeniffer Serravallo（2017）*The Writing Strategies Book: Your Everything Guide to Developing Skilled Writer*, Heinemann.

Lisa Bullard & D. H. Melmon（2007）*You Can Write a Story! : A Story-Writing Recipe for Kids*, TWOCAN.

Thomas Newkirk (2014) *Minds made for Stories: How We Really Read and Write Informational and Persuasive Texts*, Heinemann.

Ⅵ　展望

――ことばで理想世界を想像し創造する力――

浜本　純逸

一　心の世界

ブータンの国王が日本を訪れたとき、小学校で子どもたちに語った。「あなたたちの心の中には一匹の竜が住んでいます。その竜を大事に育てて下さい。」この記事を読んだとき、この言葉は子どもたちの心に深く入っていくであろう、そして、それぞれの心の中で大きく美しく育っていくに違いない、と思った。

ところで、竜は実在の動物ではない。人間の想像の世界に生きる動物である。竜は、もう一人の自分である。あれこれと注文を付ける批評家になったり、困ったときに助けてくれる友達になったりする。

子どもたちは、自分の中に「竜がいる」と感じると、竜にどのように話しかけるであろうか。涙ながらに辛い思いを語る時もあろう。あるいは話しかけているうちにみずからが竜になって空に飛んでいく時もあろう。つまり、心の中の龍は、Ⅳ住田勝論考で言う「ＹＯＵ」であろう。

心の中に竜を生み、竜を育てる営みが「物語づくり」である。

二　万人の創造力

Ⅱ塚田泰彦論考の「物語は誰でも書ける」という見出しには驚いた。「物語づくり」は一部の才能ある人びとの特権である、というこれまでの常識に真っ向から挑戦する発言であったからである。しかし、塚田論考を読むと「創作力は万人のうちにある」という主張に納得させられるから「妙」である。塚田論考のキーワードは、「言語のシステム」という概念（用語）である。そのシステムの内実は虚構性（場面・人物の設定・語り手の視点など）と時間的・空間的構造であろうか。「物語づくり」の学習指導は、「言語のシステム」に気づかせ身につけさせることである。塚田論考は、「言語のシステム」という仮説を踏まえることによって「物語」概念を拡張している。

三　これまでの「物語づくり」指導――家庭での日記指導から――

心の中の竜に突き動かされて、子どもたちはみずから「私にも書かせて」と言う。内なる衝迫力となって声を上げる。その衝迫力に力を貸して、表現の道を拓くのが「物語づくり」の学習指導である。

一九八〇年頃までの小学生の「物語づくり」の指導は、主として家庭での個別指導という形でなされていた。日記の中に物語性のあるものを見出し「ほめて」物語へと仕上げさせる仕方であった。学校ではクラブ活動の中で趣味の延長として「書きたいようにかかせて」整った作品を文集にする、という指導が多かった。

ここでは、前者の典型的な事例として。蒲池美鶴さんの作文集『新版　わたしは小学生』を取り上げ、美鶴さんが小学校三年生の時に書いた童話「タローと花子」を掲出する。

（あらすじ）タローと花子は雪の中で生まれた熊の兄妹である。母親は狩りに出かけて帰ってこない。タローと花子は穴の中から外に出て、氷河の間を歩いて行く。お母さんは大きな氷の下敷きになって死んでいた。二人は思うぞんぶん泣いた後、お母さんの方を振り返りふりかえり歩いて行く。

（終わりの場面）花子は。こっそり、雪のおかの上へのぼり雪だるまを作ると、ポン！しかし、ねらいがはずれる。花子はあきらめず、また雪の玉を作る。
「こんどこそ！ようくねらいをさだめて、そらっ。」
こんどは、ほんとにめい中しました。タローは、「ひどいやつだなあ。」といって、上を見上げています。
こんないたずらをしているうちに、二人はだんだん大人になっていきました。

美鶴さんがこの童話を書くに至った経緯について、父親の蒲池文雄氏（当時、愛媛大学文学部教授）さんは次のように書いている。

これは娘が初めて書いた童話です。（三年生の間に娘はなお三篇の童話を書いています。）このような童話を書くようになったのは、童話・物語類をたくさん読んでいて、作文力が伸びるとともに、そういうものを自分でも作りたくなったことが、おもな原因だろうと思います。右の童話には、ディズニーの映画『白い荒野』の影響がはっきり見られますが、娘の幼稚園時代の愛読書、『ながいながいペンギンの話』（いぬい・とみこ著）も、遙かにその影を おとしているようです。（七三頁）

蒲池美鶴さんは、日記を書いているうちに、とつぜん「お話（作り話）・物語」を書き始めた。日記を書き続けることに「物語誕生」の種子があるようである。

この作品が生まれた土壌及び背景として、①それまでにたくさんの童話を読み、映画を見ていたこと、②読書によって「そういうものを自分でも作りたくなったこと」、③作文の読み手として教育者である父親がいたこと、がうかがえ、我々への示唆を与えてくれる（二七六ページ）。

四　これからの「物語づくり」指導の方法

1　読み書き関連指導

関連指導は、一九九〇年代からの実践を通してほぼ私たち全員の共有遺産になってきた。

二章 尾崎夏季論考は、物語指導のアイディアとしてなりきり作文・パロディ・昔話合体を考察している。物語を書く立場に立って読み直すことによって、着想・構成・描写（感情・会話）などに注意して読むようになると指摘している。

五章　山本茂喜論考は、日本では伝統的に「見たまま感じたまま」を自由に書くことが個性であり創造力だと考えられてきたとし、欧米では関連指導において基本的な「型」を活用して書く指導がなされる、と言う。我が国の「物語づくり」指導において物語の基本的な構造を活用するという視点が欠けていたとも述べ、フィンランドの「物語づくり」指導の例を紹介している。山本論考におけるキーワードは「物語の基本的な構造」である。その含意するものは深い。

2 「物語づくり」は「ごっこ」である

一章 青木伸生論考は、「お人形さんごっこ」の話から始めている。子どもはお人形を片手に女王様になったりくまもんになったりする。青虫になることもできる。子どもは「見立ての天才である」と言う。「見立てる」ことによって「ありのままの世界」を飛び越える。発想の自由を獲得しているのである。

住田論考は、「作家ごっこ」という用語を造語して展開している。「作家ごっこ」は、大岡昇平や野坂昭如が向きあった「安定した世界のはずれ」、つまり他者と出会い、自己が崩れるかもしれない人間の光と闇の世界に「出会う痛みを、遊戯的な虚構を介して解毒する営みである。」（一五五頁）と説明する。いわゆる「他者（この問題）は「なぜ文学か」という本質を突く問題なので、私の胸に鋭く突き刺さった。古来、「カタルシス（心の浄化）」と言われてきた問題でもある。

子どもは「作家ごっこ」をし大人は「作家」になる、と子どもと大人を使い分けているが、その境界は何歳頃だろうか。使い分けるのは有効なのだろうか。『走れメロス』のディオニスは悪人か、と問い始めるのは中学三年生であろう。『羅生門』の下人は〈追い剥ぎ〉に変身し、〈李徴〉は虎に変身した。心の闇の内なる竜は、時に暴れ龍と化す。「作家ごっこ」の檻に閉じ込めることができるであろうか。他者（ＴＨＥＹ）との出会いはレッスンに止まらないリスクがある。このリスクについては住田論考によって提出された問題として、今後考えていきたい。

3 メディアの変化への対応

一九七〇年代以降の情報産業の発達はすさまじい。それまでの、声・文字・文章による時間的なコミュニケーション・メディアは、絵画・写真・漫画・映画・アニメなどの時間的・空間的コミュニケーション方法によって狭められてきている。「物語づくり」もそれらメディアの多様化に対応した総合的な指導方法を模索してきた歴史がある。

三章　成田雅樹論考の四枚の絵を並べ替える実践は映像メディアと言語メディアとのコラボレーションによる指導の可能性を拓いている。

四章　佐藤明宏論考は、続き話づくり・新しい場面や事物の挿入、翻案、ジャンルの転換、物語の組み合わせ、などの実践を考察し、「例え非言語的なテキストであっても、その中に思考を刺激するような観点を見いだせるような芸術性の高いテキストを用いたい。（中略）自然の描かれ方や親子の情愛の深さなどいくつかのポイントは外さないで書き換えさせたい。」と述べる。

4　学習者の作品を学習材にする

一九八〇年頃までは、優れた典籍を教材にすることが一般であった。優れた古典的文章を選んで一冊の書にまとめたものが教科書であった。したがって教科書は拝読するものであって、批評することは許されなかった。それに対して本書に取り上げた実践はすべて学習者の作品を学習材にしている。典籍から学習者の作品へ、一八〇度の転換を見ることができる。「物語づくり」の学習の場合、多くは学習者の作文または文集を学習材にしている。

Ⅳ住田勝論考は、小川利雄『ぼくらにも書かせて』及びプロジェクト・ワークショップ編『作家の時間』、を取り上げて考察している。

小川利雄は、「（児童の）作品を国語の学習における読解や読書の教材でとして扱います。」と宣言し、F子の作品を足がかりに「『学級童話集　黄金山』を作った。この童話集は、その後子どもたちの創作意欲を刺激する「文化的創造」となった。

『作家の時間』は、「物語づくり」学習指導のサイクルの中に「校正をする」・「出版をする」を組み込んでいる。作品は、製本され、印刷され、「作品集」として教室内外に発信され、社会の文化資産となる。書き手は「読者」と「作者」

の関係を理解する。子ども同士は、「改善のための質問」をし、「ラブレター（好意的で建設的なメッセージ）」を書く。このようにして子どもたちは「読み手」でありつつ「書き手」である協働の学びへと巻き込まれていく。

5　物語の型を教える。

本書の諸論考は、バルトの『物語の構造分析』（一九七九年訳出）、プロップの『昔話の形態学』（一九七九年訳出）以来の文学理論研究物語論の発展を踏まえている。諸論考が次のような「物語の型」に触れていることにそれを見ることができよう。

内田伸子　設定―事件―目標―解決の試み―解決―結末―心的反応
青木伸生　Aくり返し型、B事件型、C　A＋B型
中村玉緒　①わるもの退治　②冒険　③ももで大当たり（出世・大成功）　④昔話を合体　⑤オリジナル
山本茂喜　状況―人物―問題（事件）―解決

やがて、物語に「型」があることが常識となるであろう。近年の文学理論・物語論の一応の達成として、石原千秋・小森陽一他編の『読むための理論』（一九九一年）がある。その成果を、私たちはシンプルな分かりやすい「方法」に鍛え直し、未来の読者・作者としての子どもたちに渡したい。五に述べる「方法」は塚田泰彦の考察に倣った一つの試みである。

6　評価の観点と方法

評価の観点と方法については、山元論考が紹介している、次の事項が参考になる。
会話の書き方・感情語・ほめる・指示する・方向転換する・順序・各パラグラフの書き出し方。

これは指導方法であるが、評価の目で反転させると、実に細やかな評価の観点であることが分かる。

山元論考の「私たちが育てようとするのは物語を頭のなかで考えて語り出すことのできる知性である」という結論は、大村はまの言う「創作の力」に通底するものがある。その通底するものは何か。解明を通して「物語づくり」指導の目標論がいっそう確かになるであろう。

さらに山元論考は、物語づくり指導の範囲を「推敲」「編集」「出版」にまで拡張している。共働学習としての「物語づくり」の今後のあり方を示唆している。

7　これからの方法探求の課題

松崎正治論考が二つの課題を指摘している。

一つは、文学的認識力や諸能力の内容を明らかにし、「物語り」学習指導の体系とカリキュラム作りをめざしたい。

二つは、その教育内容やカリキュラムを実践に具体化し、共有して、「物語り」学習指導を一層豊かにしていきたい。

五　一つの型としての　ファンタジーの方法

『つり橋わたれ』（長崎源之助）は、ファンタジーの方法を取り入れた典型的な「難題解決の物語」である。授業では作品全体の通読とくわしい場面読みの後、次のような構造を捉えたい。赤木雅宣（二〇一〇）の言うように「主人公・トッコの気持ちの移り代わりを読み取ることは外せない」（六二ページ）のであるが、物語づくりの観点からはトッコの「変化のとき」、風が吹いていることに気づかせたい。

○　トッコはつり橋を渡れない。山の子どもたちが「つりばしわたって、かけてこい。」とはやし立てる。
　　↓
○　お母さんが病気になったので、トッコは山のおばあちゃんの家にあずけられた。
　　↓
○　あるとき、急にママが恋しくなり、「ママーッ」と山に向かって大声で呼びかけた。
○　すると、とつぜん、どっと風が吹いて、かすりの着物を着た男の子が立っていた。トッコのことばをまねするので「こらっ、まねするな。」というと、男の子はつり橋をトントン渡っていった。トッコも知らないうちに渡っていた。男の子を見失ったトッコは「おーい、どこにいるのーっ。」と呼ぶ。
○　すると、また、どっと風が吹きました。サブがひょっこり顔を出した。
　　↓
○　それから、トッコは山の暮らしが楽しくなった。

「どっと風が吹く」のはファンタジーへの入口であり、出口である。トッコはもう一つの世界（想像の世界）に入り、出てきた。宮沢賢治の『どんぐりと山猫』では、「すきとほった風がざあつと吹くと」一郎は栗の木と日本語で話し始める。『注文の多い料理店』では、「風がどうとふいてきて、草はざわざわ、（略）その時ふと後ろを見ますと、立派な一軒の西洋造りの家が――」とファンタジーの世界へ入っていく。

トッコは想像の世界で男の子から「勇気」を貰って出てきた。ここがこの作品の「不思議」であり、面白いところである。トッコとともに読者も「違和感なく」ファンタジーの世界に入り込ませるのは作者の表現力であり、技量である。

ファンタジーの物語づくりにおいては、次のような接続詞と副詞によって想を導くワークシートを用意することも考えられよう。

1〇〇と〇〇は［　　　］へ行った。
2すると、とつぜん、どっと風が吹いて――［　　　］
3すると、また、どっと風が吹き――
4そして、［　　　］した。
5それから、〇〇は［　　　］となりました。

物語を書く立場に立って読み直すときには、次のような描写法を学ばせたい。


「あれは、山びこっていうんだよ。」と、おばあちゃんが教えてくれました。

そこで、トッコは、山にむかってよびかけました。

「おーい、山びこーっ。」

すると、「おーい、山びこーっと」という声が、いくつもいくつもかえってきました。それがだんだん大きくなってきたかと思うと、とつぜん、どっと風がふいて、木の葉をトッコにふきつけました。
トッコはびっくりして、思わず目をつむりました。
そして、こわごわ目をあけると、そばに、かすりの着物を着た男の子が立っていたのです。

読むときには「不思議」を楽しめばよいのであるが、書く立場に立って読み直すときには、「なぜ、不思議は起こったのでしょう。」、「なぜ、男の子はやってきたのでしょう」と問いかけてもよい。答は、①おばあさんの取り結び、②お母さんの愛情、③神さまのお計らい、④トッコの勇気、などが出されるであろうが、「なぜ」を考えておくと、ファンタジーを取り入れるとき、深い形象化が可能になる。

ファンタジーの方法は、「目には見えないがほんとうにあるもの」、たとえば、愛・真理・正義・悪・自由・平等・ユートピアなどを描くことに有効である。

長編ファンタジー物語の『ゲド戦記』の竜は、光と闇の両面を具有している。生き生きと人が生きる光の国を求めて旅する若いアレンと大賢人ゲドを襲うかのように空から後を追う。「人間より先にことばを獲得し、どんな生きものよりも遠い昔から生きている」竜は、その生の終わりの時にアレンと大賢人ゲドを自分の背に乗せて死の国から救い出す。人間の内なる「光と影」を見つめていたル＝グウィンが創造した複雑な深みのある形象である。

六　ユートピアを書く

宮沢賢治は、同じ題材・同じテーマを二十余年かけて、「戯曲　ポランの広場（仮題）」・「ポランの広場」・「ポラーノの広場」と三種の未完成作品を書き残した。そして「ポラーノの広場」には次のうたを書き付けて、読者に呼びかけている。

まさしきねがひに　いさかふとも
銀河のかなたに　ともにわらひ
なべてのなやみを　たきゞともしつゝ
はえある世界を　ともにつくらん（宮沢、一九八五、二二三頁）

さて、「まさしきねがひ」の意味するものは何であろうか。皆さんは「どのような栄えある世界を」夢見ますか、そして創りますか、と呼びかけている。

この作品は、小学校高学年の子どもから青年期の若者や傘寿を過ぎた老人にまで、それぞれに書き継いだり書き換えたりすることを要請している。「みんなの幸せの広場はどのような広場であるか」、想像と創造力をかき立てられる。自由？平等？自然と人間の調和した生き方？

教室では、ファゼーロの「行き先」の「つづき書き」をさせたい。それぞれの考える「ほんとうの世界」を形象させたい。賢治が苦渋したように、この作品のエンディング（「栄えある世界」）を想い描くことは容易ではない。けれども、賢治が挫折しながらもくり返し取り組んだように新しい世界の創造は魅力ある作業でもある。

教室では、グループに分かれて共同創作をしていくことも一つの楽しみであろう。一クラス全員の共同作業で「新しい世界」を創りあげていくことはわくわくする時間となるであろう。

子どものうちに住む竜は、もう一人の自分である。自分を批評し避難して時に暴れる。時に自分を励ましなぐさめてくれる。「物語づくり」は心の中の竜をたくましく育てる方法である。

国語科教育は、ことばで理想世界を想像し創造する力を育てる。

文献

赤木雅宣（二〇一〇）「『つり橋わたれ』の授業実践史」、『文学の授業づくりハンドブック――授業実践史をふまえて――　第二巻』、溪水社
蒲池美鶴、蒲池文雄編（一九七八）『新版　わたしは小学生』、青葉図書
長崎源之助（二〇一五）「つり橋わたれ」、『平成27年度版小学校国語三年上』、学校図書
宮沢賢治（一九八五）「ポラーノの広場」、『宮沢賢治全集7』、ちくま文庫

おわりに——人類の文化的財産「物語」の魅力を「書くこと」に生かす——

三藤　恭弘
「『物語づくり』学習指導の本を作る。」

　監修者の浜本純逸からそのようなお話を頂戴したのは二〇一五年のことでした。あれから三年、多くの先生方の叡智を結集して、ここにこれまで無かった一冊ができました。ご執筆頂いた先生方、資料をご提供頂いた方々、溪水社の皆様、大変お忙しい中、本当にありがとうございました。衷心より厚く御礼申し上げます。

　繰り返し述べてきたことではありますが、「物語づくり」学習に対して何かしらの教育的有用性を感じている指導者の方々はたくさんいらっしゃいます。一方で、「物語づくり」学習に課題を感じておられる方々もたくさんいらっしゃいます。「物語づくり」学習は依然「輝く原石」の域を出きれていないのかもしれません。しかし、だからと言ってこのように教育的有用性豊富な教育方法を捨て去ることはもうできません。

　学校で直接子どもたちの指導にあたる先生方が、「この方法なら指導しやすい。」「物語づくりの学習は力がつく。」

と実感できることが必要です。このことを実現するために本書は生まれました。ここから先、この仕事を発展させてくださるのは、本書を手にとってくださった先生方お一人お一人です。

「今年の授業研究は〈物語づくり〉をやってみようかな。」

「来年度の研究テーマに〈物語づくり〉を取り上げてみよう。」

　まず、指導者がわくわくできる、そのような学習指導研究をおこなってみたいものです。子どもにとっても大人にとっても、

にとっても、この「わくわくできる」ということが物事を前に進め、高みへと導いてくれます。本書は子どもたちはもちろん、指導者である先生方のそのような胸の高鳴りこそ願ってやみません。人類が脈々と紡いで来た文化的財産である「物語」の魅力を、今こそ「書くこと」の教育に生かす時だと考えています。

二〇一八年一〇月

索　引

【ナ行】

【ハ行】

【マ行】

【ヤ行】

【ラ行】

【ワ行】

執筆者一覧

（執筆順　肩書きは平成31年1月現在）

浜本　純逸（はまもと　じゅんいつ）神戸大学名誉教授・元早稲田大学特任教授

三藤　恭弘（みとう　やすひろ）福山平成大学教授

塚田　泰彦（つかだ　やすひこ）関西外国語大学教授

青木　伸生（あおき　のぶお）筑波大学附属小学校教諭

尾崎　夏季（おざき　なつき）厚岸町立真龍中学校教諭

成田　雅樹（なりた　まさき）秋田大学教授

佐藤　明宏（さとう　あきひろ）香川大学教授

山本　茂喜（やまもと　しげき）香川大学教授

松崎　正治（まつざき　まさはる）同志社女子大学教授

住田　勝（すみだ　まさる）大阪教育大学教授

山元　隆春（やまもと　たかはる）広島大学教授

ことばの授業づくりハンドブック

小学校「物語づくり」学習の指導

――実践史をふまえて――

平成31年2月20日　発　行

監修者　浜本　純逸

編　者　三藤　恭弘

発行所　株式会社　溪水社

広島市中区小町1－4（〒730-0041）

電話　082-246-7909／FAX　082-246-7876

e-mail : info@keisui.co.jp

URL : www.keisui.co.jp

ISBN978-4-86327-472-3 C3081